印度竞争力

全球化人才是如何培养的

〔日〕桑杰夫·辛哈◎著　朱悦玮◎译

〔日〕出井康博◎策划

すごいインド：なぜグローバル人材が輩出するのか

浙江人民出版社

图书在版编目（CIP）数据

印度竞争力：全球化人才是如何培养的 /（日）桑
杰夫•辛哈著；朱悦玮译 . — 杭州：浙江人民出版社，
2021.10

ISBN 978-7-213-10210-3

Ⅰ.①印… Ⅱ.①桑… ②朱… Ⅲ.①人才培养—
研究—印度 Ⅳ.① C964.351

中国版本图书馆 CIP 数据核字（2021）第 132775 号

浙 江 省 版 权 局
著作权合同登记章
图字：11-2020-443 号

印度竞争力：全球化人才是如何培养的

[日] 桑杰夫•辛哈 著 朱悦玮 译

出版发行：浙江人民出版社（杭州市体育场路347号 邮编 310006）
市场部电话：(0571) 85061682 85176516
责任编辑：陈 源
策划编辑：张锡鹏
营销编辑：陈雯怡 赵 娜 陈芊如
责任校对：姚建国
责任印务：刘彭年
封面设计：北京红杉林文化发展有限公司
电脑制版：北京弘文励志文化传播有限公司
印 刷：杭州丰源印刷有限公司
开 本：880毫米×1230毫米 1/32 印 张：6
字 数：92千字 插 页：1
版 次：2021年10月第1版 印 次：2021年10月第1次印刷
书 号：ISBN 978-7-213-10210-3
定 价：48.00元

如发现印装质量问题，影响阅读，请与市场部联系调换。

从"咖喱"到"IT"

——印度是如何变成一个全球化人才大国的

拥有 13 亿人口的印度，目前是仅次于中国的世界第二人口大国，未来其人口数量很有可能超越中国成为世界第一。而印度的国内生产总值（GDP，Gross Domestic Product）有望在不久的将来超越日本，成为排在美国、中国之后的世界第三大经济体。

虽然印度是这样的一个大国，但全世界对印度的了解十分有限。一说起"印度"，大家首先想到的是什么呢？

恐怕最先想到的就是"咖喱"，女性也有可能会想到"瑜伽"，或许还会有人想到"IT"和"数学"。不过，对绝大多数人来说，印度在他们的印象里都是一个"贫穷的发展中国家"吧。

印度确实不像许多发达国家那样，拥有完善的基础设施，也不能拧开水龙头就能喝到干净的饮用水。现在印度还有接近1/10的人过着没有电的生活，而每天收入在2美元以下的贫困人口数量占印度总人口的70%以上，"全世界一半的贫困人口都在印度"这句话一点也没有夸张。

另一方面，印度却拥有在世界范围内名列前茅的大富翁，他们拥有的财富甚至比日本软银集团的孙正义和日本迅销公司的柳井正等富豪们还要多。由于印度社会的统计数据并不像大多数发达国家那样透明，所以还存在许多隐形的富翁。印度的贫富差距之大，绝对超出许多人的想象。

正如极端的贫富差距所表现出来的那样，在印度，任何事情的跨度都非常大，同时也极富多样性，这可以说是印度社会一个最大的特征。"多样性"听起来好像是个褒义词，但实际上对印度来说意味着"乱七八糟"。

印度就像是"将欧盟整个合为一体组成的国家"。欧盟由27个国家组成，而印度有28个邦，每个邦都像欧盟的国家一样拥有独特的文化和历史。此外，就像欧盟的许多国家一样，印度各个邦的语言也不尽相同。

印度的官方语言是印地语，但讲印地语的人口数量只占印度总人口的一半，这是因为印度的各个地区和邦都使用各自的语言。从这个角度来说，印度能够保持国家的统一实在是不可思议。

印度在过去的 30 年间发生了巨大的变化，可以说是世界上变化最大的国家之一。印度变化的开端是 20 世纪 90 年代初开始的经济自由化和 IT 产业的发展。随着经济的飞速发展，印度这个曾经的"贫困国家"摇身一变成为"IT 产业大国"。

我出生于印度的一个乡村，大学毕业一年后就来到了日本。那是 1996 年，我 23 岁。我最初是在一家初创企业就职，后来进入外资金融机构工作。2008 年，我成立了阳光金沙集团（Sun and Sands Group），开始了自己的创业之旅。我的工作是促进日本与印度的经济往来。虽然我的公司总部在日本东京，但我每年都要去印度出差好几次。而每次回到印度，印度的变化都会令我大吃一惊。

20 世纪 90 年代中期的印度，即便在大城市的市中心都能看到拉着货的牛车，贩卖蔬菜、鱼、咖喱的人力推车更是随处可见。而在如今，即便在东京都十分少见的法拉利和保时捷等豪华跑车，却奔驰在印度的城市里，街边高楼林立。以前，在印度街头几乎看不见身穿西服的商务人士，但现在手拿智能手机急匆匆地赶路的商务人士也越来越常见。经济的飞速发展使印度的城市面貌和人民的生活状况焕然一新。

不过，在飞驰的法拉利旁边仍然能够看到牛车的身影，高楼大厦的附近就是贫民区。这种极其严重的贫富差距正是当今印度的真实写照。

印度是"充满发展潜力"的国家。不管城市还是乡村，到处充满了年轻人。日本已经进入了超老龄化社会，而印度国民的平均年龄只有 29 岁。

极端的贫富差距、社会多样性、人口结构、经济增长速度、组织结构等，印度和日本可以说在许多方面都形成了鲜明的对比。为这两个截然不同的国家架起一道交流的桥梁，可以说是我的使命。作为对日本和印度都十分了解的人，我希望让印度人能够了解日本的优秀之处，同时也能让日本人了解印度的发展潜力。

在我看来，印度是一个"厉害的国家"。印度现在发生了什么？印度人都在想些什么？印度人如何生活？在本书中，我将结合自己的经历，对印度曾经发生的巨大变化以及印度的现状进行详细解答。

目 录
CONTENTS

第一章

多样性催生出全球化人才

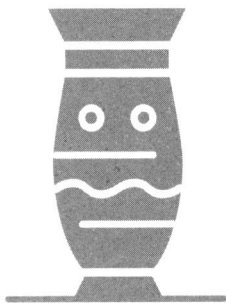

微软的 CEO 是印度人

日本的大学和企业都在积极地培养"全球化人才"。所谓全球化人才，就是指能够在世界舞台上发挥实力的人。

事实上，日本已经拥有许多全球化人才。比如在体育领域，许多日本的棒球选手都在美国职业棒球大联盟（Major League Baseball，MLB）中发挥出色；还有许多日本的足球选手效力于欧洲冠军联赛（UEFA Champions League，简称"欧冠联赛"或"欧冠"）的俱乐部。在自然科学等基础研究领域，有许多日本人获得了诺贝尔奖。这些都是让印度望尘莫及的。

但在商业领域，活跃于国际舞台的印度人或许比日本人更多。

2014 年 2 月，印度人萨提亚·纳德拉（Satya Nadella）就任微软 CEO。纳德拉于 1967 年出生在印度南部的海得拉巴，在印度的门戈洛尔大学取得学士学位后前往美国留学，并在威斯康星大学取得计算机硕士学位，后在芝加哥大学取得工商管理硕士（MBA）学位，1992年入职微软。

我和纳德拉年龄相仿，他走的是我们这一代人最典型的"印度精英"路线。在印度的大学毕业后前往美国留学，然后留在美国进入当地的企业或研究机构就职。我大学时期的很多同学走的都是和纳德拉一样的路线，他们在美国的企业中不断地积累经验，并逐渐得到晋升。"微软CEO"这个头衔确实非常引人注目，但纳德拉出任这个职位绝非偶然。

从我们这一代开始，许多印度的优秀人才都前往美国留学，总人数大概超过了100万人。

美国拥有全球顶尖的高等教育资源，而印度人在语言方面拥有先天的优势。印度国内的理工科大学基本全部采用英语授课，所以印度人在前往美国留学时，完全不会遇到语言上的障碍。

对于有野心的印度人来说，美国是他们展现自己能力的最好舞台。因为不管你是什么国籍或人种，只要能力出众就可以在美国社会中出人头地。美国就像一个大熔炉，各种各样的人都汇聚于此。而印度人自幼就生活在充满多样性的印度，所以对美国的这种"拼盘文化"
不但没有任何的抵触感，反而非常适应。

现在美国有 20 多万名印度留学生，担任了 10 余年哈
佛商学院院长的尼汀·诺里亚（Nitin Nohria）就是印度人。
顺带一提，在日本留学的印度人只有不到 500 人。

硅谷的"印度教父"——坎瓦尔·雷吉

说起在美印度人的聚集地，人们往往首先想到"硅
谷"。硅谷作为诞生了包括苹果公司在内的众多知名 IT
企业的地区，堪称 IT 初创企业的圣地。而印度人也为硅
谷的发展做出了巨大的贡献。

硅谷最有代表性的企业之一——太阳计算机系统公
司（Sun Microsystems）的创始人维诺德·科斯拉（Vinod
Khosla）就是印度人。每八家硅谷的企业，就有一家是由
印度人创立的。

其中有一个被称为硅谷的"印度教父"，他就是 IT
企业 Excellent 的创立者，现在作为风险投资人而被众人
所熟知。他就是坎瓦尔·雷吉（Kanwar Reggie）。

雷吉于 1945 年出生在印巴分治之前的巴基斯坦地区。雷吉和科斯拉对我来说，相当于印度理工学院（Indian Institute of Technology，IIT）的前辈，哈佛商学院前院长诺里亚也是如此。关于 IIT 我将在后文中为大家进行详细介绍，这是一所向美国输送了许多优秀理工科人才的印度知名学府。

雷吉从 IIT 毕业之后，在 20 世纪 60 年代前往美国。雷吉是第一批前往美国寻梦的印度人才。

如今在美国留学的印度学生有很多都获得了奖学金，但在雷吉前往美国留学的那个时代，美国人对印度人的印象很不好，而且由于那时候美国的奖学金制度也不够完善，雷吉只能一边努力打工一边刻苦学习。他在密歇根理工大学完成计算机专业的学习后，于 1982 年前往硅谷创立了 Excellent 公司。这家公司成功地实现了互联网协议的商用化，成立 5 年之后就在纳斯达克上市。这也是印度裔移民创业的公司第一次在纳斯达克上市。后来，雷吉将 Excellent 公司以 2 亿美元的高价卖给了美国的一家企业，并成为美国的一名亿万富翁。他的成功给继他之后前往美国寻梦的印度人提供了巨大的勇气。

为了帮助印度人创业，雷吉成立了一个名为"印度创业者"（The Indus Entrepreneur，TiE）的组织，从这个组织 2008 年成立东京分部时开始，我就和他保持着密切的联系。TiE 以美国为中心，在世界各地拥有 50 个以上的分部，日本是第 12 个成立 TiE 分部的国家。

作为一个在异国他乡独自奋斗并取得成功的人，雷吉拥有非常坚韧的性格。他在演讲的时候非常喜欢用"破坏性创新"（disruptive innovation）这个词，因为他认为只有打破现有的规则，才能开辟全新的道路。

他对日本的社会现状十分不满，因为他认为日本长期处于经济低迷的状态，却迟迟没有采取破坏性创新的行动。但我和他有不同的见解，我认为日本的强项在于"持续性"，破坏性创新并不适合日本。在和雷吉一起去日本九州出差的飞机上，我们两人就此进行了非常激烈的辩论。

"在国际会议上，最难的是让日本人开口，让印度人闭嘴。"正如这句玩笑话所说的一样，印度人非常喜欢辩论。但除非有足够说服自己的理由，否则印度人绝对不会改变自己的观点。雷吉是喜欢辩论的印度人中最具代表性的人物。

与雷吉这样值得尊敬的前辈进行论战，对我来说是一次非常愉快的体验，但我完全无法说服他改变自己的观点。或许正因为拥有如此坚定的信念，所以他才能够在美国那么残酷的商业环境中取得成功吧。

海外印度人并不在意"印度"

TiE 的东京分部曾经关闭过一段时间。导致其关闭的原因有很多，其中也包括在美印度人复杂的感情因素。

TiE 是将象征印度的"Indus"和"创业者"（Entrepreneur）组合到一起的名字，但在 TiE 成立后不久，组织内就有人提出应该将"Indus"去掉。

很多在美印度人都抛弃了"印度人"的身份，成为美国人融入了当地社会。他们认为自己并不是"印度人"而是"美国人"，拥有这种想法的人在 TiE 中也为数不少。

与"印度"相比，他们更喜欢"美国""硅谷""全球化"这几个身份标签，因此他们不喜欢会使人联想到"印度"的"Indus"。持这种意见的人占了上风，于是没有全称的"TiE"就成为这个组织正式的名称。对于不知道这件事的人来说，或许会觉得这是一个和"印度"没有任何关系，只是一个聚集了许多创业者的组织。

后来，TiE总部与负责运营东京分部的我取得联系，要求我将东京分部的正式名称也更改为"TiE"，并且将与"印度"有关的字样全部删除。但这样一来，日本人就难以了解我们组织的特色。TiE东京分部刚成立的时候，日本媒体对其进行了相当多的报道，因为日本人也希望能够借此与"印度"建立起联系。事实上，不管在世界上任何一个国家举办TiE的会议，前来参加会议的基本都是印度人。既然如此还有什么隐藏"印度"的必要呢？我实在是难以理解。

同一时期，我也在日本积极地举办IIT的同学会活动。我通过举办同学会和召开日本与印度的国际会议，努力提高日本人对印度的关注度。在我的不懈努力下，印度和日本也越走越近。然而TiE却要抛弃自己的印度元素，那么我继续坚持TiE在日本的活动就失去了意义。因为如果TiE只是一个单纯的美国创业者组织，那么它对于日本人来说实在是太常见了。由于 TiE 总部和东京分部之间的意见无法统一，于是日本 TiE 分部的活动暂停了一段时间。

正如这件事所表现出来的情况一样，在海外生活的印度人对"印度"这个身份的认同感很低。对于印度人来说，与其坚持印度人的身份，不如想想如何在异国他乡中生存下去更重要。所以印度人在美国就会遵循美国的生活方式，在硅谷创业就遵循硅谷的规则。说得好听点，印度人拥有很高的适应性，很容易被其移居的国家同化。

这也是印度之所以会诞生出大量"全球化人才"的主要原因，印度人不在意自己是印度人这个身份，所以他们更容易被其他国家的人所接受。

事实上，不仅在 IT 和高科技领域，许多大型跨国企业的高管都是印度人。比如曾在著名的麦肯锡咨询公司中担任 CEO 的顾磊杰（Rajat Gupta），曾在通信巨头诺基亚公司中担任 CEO 的拉吉夫·苏里（Rajeev Suri），曾在德意志银行担任联名 CEO 的安舒·贾恩（Anshu Jain）等。此外，在像高盛那样的大型金融机构之中，也有许多印度人担任执行董事的职位。

在国际环境中以"个人"身份发挥实力，这就是印度人最大的特征。

全球 3000 万人的印度人网络

据说海外印度人的数量约为 3000 万人。虽然目前全世界最著名的海外同胞网络是中国的"华人网络"，但印度的"印度人网络"也已经形成了相当大的规模。

按照国家来看，在美国的印度人有 410 万人，在英国有 140 万人，在新加坡有 25 万人，在澳大利亚有 50 万人。此外，在与印度接壤的尼泊尔也有 400 万印度人。

绝大多数印度人移民的国家，基本都曾是大英帝国的一部分。在英国对印度进行殖民统治的时期，许多印度人都作为劳工被送往英国本土和英国的其他殖民地。因此，在澳大利亚、马来西亚、缅甸等国家生活的印度人的数量也很多。

在这些印度人的后代之中，有不少甚至成为当地的政坛领袖。新加坡前总统塞拉潘·R. 纳丹（Sellapan Rama Nathan）就是印度裔，除此之外，特立尼达和多巴哥以及毛里求斯也诞生过印度裔的总理。日本人非常熟悉的马来西亚前总理马哈蒂尔·穆罕默德（Mahathir Mohamad）也是印度裔，马哈蒂尔的父亲是从印度喀拉拉邦移民到马来西亚的后代。

美国路易斯安那州的州长鲍比·金达尔（Bobby Jindal）也是印度移民的后代，但在美国的印度人和在其他曾经为大英帝国殖民地国家的印度人并不一样。美国的印度移民群体是在20世纪60年代之后才逐渐形成的，而且绝大多数都在印度接受过高等教育。

进入20世纪90年代以后，在美国的大学攻读硕士和博士学位的印度人数量急速增加。当时正是印度执行经济自由化，外资企业纷纷进入印度的时期。受同时期IT热潮的影响，美国的高校为了吸引人才，开始向印度的优秀学生提供奖学金以吸引他们前往美国留学。

在东南亚，很多国家的领导人都是华人，而且在经济方面也拥有很强的影响力。与之相比，印度人活跃的舞台并不在亚洲地区。而且很多印度人担任跨国企业的高管，这一点也与华人不同。

华人和印度人还有一个很大的区别，那就是印度人在国外很少抱团。在世界各地的主要城市几乎都有唐人街，却几乎没有"印度街"。正如前文中提到过的那样，印度人更倾向于融入当地的文化。

在企业之中，印度人也一样。进入美国的企业就适应美国的企业文化，进入日本的企业就适应日本的企业文化。印度人之所以可以在跨国企业中左右逢源，就是因为印度人从不坚持"印度的企业文化"。在不同国籍的人共同工作的职场之中，印度人就像是将所有人连接起来的"桥梁"。

但反过来说，这或许也是印度人的弱点。在同胞的团结性上，印度人比华人差得多。虽然随着互联网的普及，近年来有一部分印度人开始进行商业活动上的合作，但完全没有华人之间的合作那么紧密。尽管全世界有3000余万名印度人，但这些人分散在各个国家，而且没有形成强有力的组织，这一切都是因为印度人更倾向于个人主义。

印度国内有上百种语言

为什么印度能出这么多的"全球化人才"？最简单

也最常见的答案是"印度人擅长说英语"。确实，只要是接受过一定教育程度的印度人都会说英语。可印度人擅长说英语的根本原因是什么呢？

在印度，英语是仅次于印地语的第二官方语言。在印度国内，很多大学完全使用英语教学，尤其是理工科的大学，有一半以上都采用英语授课。此外，印度的富裕阶层从小学开始就将自己的孩子送到用英语教学的私立学校读书，还有很多人在家里使用英语交流。这些人从小就熟练掌握了英语，这对他们不管是去美国和英国的大学留学，还是进入欧美企业工作都非常有利。

对于印度人来说，英语不仅是去海外留学和工作的必要技能。即便在印度国内，如果想接受高水平的教育或者进入大型企业工作，也都必须熟练掌握英语。

印度是一个充满多样性的国家，在语言上当然也不例外。印度官方承认的语言有20多种，而印度国内被不少于1万人使用的语言超过上百种。虽然印度的第一官方语言是印地语，但其实各个邦都有自己的官方语言。印地语的使用范围仅限于印度北部，从印度全国的范围来看，说印地语的人口数量还不到印度总人口的一半。

很多印度人出生不久便跟随父母来到距离故乡很远的地方，成长在与家乡不同的语言环境之中，因此自然而然就掌握了多种语言。

英语在印度的大型企业中是通用语

我出生于印度西北部的拉贾斯坦邦，当地人更常说拉贾斯坦语。因此我小时候在家里和父母说印地语，出门和附近的朋友们则说拉贾斯坦语。

我从小学到高中接受的都是拉贾斯坦语教育。近年来，用英语教学的私立学校在印度很受欢迎，但在我小时候，拉贾斯坦邦基本没有使用英语教学的学校。我的目标是考入 IIT，而 IIT 的入学考试全都是用英语进行的，因此我从高中开始就参加英语统考，努力适应英语考试。虽然高中有英语课程，但要想熟练地掌握英语，仅凭课堂上学到的内容是远远不够的，所以我的英语基本上都是自学的。

因为 IIT 完全采用英语进行授课，所以我在大学时与同学们交流也使用英语。IIT 的学生来自印度各地，很多学生并不会说印地语。从某种意义上来说，我虽然在印度读大学，却好像在英语圈国家的大学留学一样。

与大学一样，印度的大型企业也将英语作为通用语。不管是公司内部的会议还是邮件交流，全部使用英语。

使用印地语的地区主要集中在印度北部。印度北部和南部不论是在历史上还是在文化上都相差甚远，就像是两个不同的国家。印地语在印度南部基本不被使用，印度南部以泰米尔语、卡纳达语、泰卢固语和马拉雅拉姆语这四种语言为主。印地语和拉贾斯坦语同为印度北部语言所以比较相似，但和泰米尔语则完全不同，举例来说的话，两者的区别就像是英语和法语。

印度北部与南部的分界线，从地图上来看位于德干高原的下方。印度北部最南端是毗邻阿拉伯海的孟买，位于内陆地区的海得拉巴是印度南部的最北端。

印度的北部与南部曾经有过对抗的历史。受历史影响，印度南部对将印地语作为印度的官方语言非常抵触，爆发过许多次反对印地语的运动。由于印度的各个邦政府拥有很强的自治权，所以印度中央政府无法强制推行印地语。出于种种原因，印地语虽然名义上是印度的第一官方语言，但在印度南部难以得到普及。

但近年来，印地语也逐渐在印度南部地区得到了推广，出现这种情况的最大原因是"电影"。印度人非常喜欢看电影，印度的电影基本上都是用印地语或泰米尔语制作的。十几年前在日本也非常流行的电影《舞蹈王子1997》的原声就是泰米尔语，但最近印地语原声的电影处于压倒性的优势地位。通过电影这种媒介，印度南部的人也开始习惯和使用印地语了。

顺带一提，印度电视上的全国新闻节目一般都是用英语播报的，而当地电视台则大多采用各个邦的官方语言。印度议会上的辩论基本都使用英语，但也有些在当地位高权重的议员会故意使用方言来突出自己。

擅长英语是因为"贫穷"

印度之所以很多人都擅长英语，其中一个原因是印度的"贫穷"。印度与日本这样的发达国家不同，很多时候都是因为"没办法"而不得不使用英语。

我刚来日本的时候，被电视里播放的欧美电影吓了一跳，因为电影里面的人说的都是日语。但在印度，为外国电影添加印地语配音的情况十分少见。

书籍也是一样。很多欧美的专业书籍都被翻译成日语出版，但印度只有一小部分欧美的哲学和古典文学被翻译成了印地语。如果想阅读理工科的专业书籍，基本上只能阅读英文原版。我在上高中的时候，就一边翻阅英语词典一边阅读专业书籍。

印度的电视上也有很多英语节目。迪士尼的动画片在印度也很受孩子们的欢迎，但因为这是美国制作的节目，所以只有英文版，间接导致印度的孩子们从小就生活在经常能够接触到英语的语言环境中。

日本比印度富裕得多，因此不管是书籍、电影还是电视节目，绝大多数都被翻译成了日语。虽然这是让印度人羡慕不已的生活环境，但换一个角度来看，日本人在接触海外文化的时候，也时刻都带着"日语"这个滤镜。从这个意义上来说，日本人学习英语的语言环境是比不上印度人的。

当然，印度人也并非人人都会说英语。即便拥有比较良好的语言环境，但要想熟练掌握说英语仍然需要付出相当多的努力才行。如果只是在当地生活，不擅长英语对生活来说并没有什么影响。但如果想要追求更加富裕的生活，那么英语对印度人来说就拥有非常重要的意义了。

印度有非常多的人仍然在贫困之中挣扎，学习英语是帮助他们摆脱贫穷的最佳手段。只要熟练掌握英语，即便不上大学，他们也可以在欧美企业的客服中心等场合工作，从而成为中产阶级的一分子。对于印度人来说，英语是提升收入必不可少的一种工具。

从"白印度人"到"黑印度人"

印度有超过 13 亿国民生活在 28 个邦、6 个联邦属地和 1 个国家首都辖区之中，人口最多的是北方邦，拥有 2 亿多人口，其他各邦的人口也大多在几千万人或过亿人。印度的国土在不同时期有着巨大的变化，印度也曾经有过分裂成许多个国家的时期。正因为印度拥有非常复杂的历史，所以现在被统称为"印度人"的人也各种各样。正如印度国内使用许多种语言一样，印度国内的人种也因地区的差异而各不相同。

人种的差异也会对肤色产生影响。说起"印度人"，可能大家首先想到的是褐色肌肤的人种。在印度人中数量最多的印度斯坦人的肌肤颜色确实是褐色的。印度斯坦人主要生活在北方邦等北部地区，我也是其中之一。但同为北部地区的旁遮普邦则生活着从欧洲途经伊朗来到印度的雅利安人，他们的人种和白人十分接近，所以皮肤也是白色的。印度南部生活着印度人中皮肤颜色最深的德拉维人，在马来西亚和新加坡等地生活的印度人基本都是德拉维人。

印度各个邦的贫富差距也非常大。我的故乡拉贾斯坦邦就是印度北部比较贫穷的地区之一。拉贾斯坦邦降雨稀少，因此土地十分贫瘠不适宜耕种，而且当地也没有什么珍贵的自然资源，于是当地有很多人为了生计只能和巴基斯坦人做生意。这种重商主义的传统也使拉贾斯坦邦诞生了大型的财团，印度的三大财团之一"比尔拉"就创立于拉贾斯坦邦，全世界最大的钢铁公司"米塔尔"（现在的安赛乐米塔尔）的创始人拉克什米·米塔尔也出生于拉贾斯坦邦。

比拉贾斯坦邦更贫穷的是位于印度东北部的比哈尔邦。由于恒河流经该邦，因此比哈尔邦的农业十分发达，曾经是一个非常富裕的地区。但由于当地人口的激增以及没有跟上近年来印度经济发展的脚步，导致当地生活的 1 亿人口有半数以上都处于贫困之中。

另一方面，印度北部也有实现了经济飞速发展的地区，那就是现任总理纳伦德拉·莫迪（Narendra Modi）曾任首席部长的古吉拉特邦。该邦在莫迪的带领下发生了翻天覆地的变化，如今已经成为印度人憧憬的天堂。

以前的古吉拉特邦以盛产美国移民著称。古吉拉特出身的移民大多在美国经营小型的汽车旅馆，而先移民美国的古吉拉特人又会介绍自己的亲戚朋友来美国，于是美国曾经有一段时期只要是看到名字上带有古吉拉特常见人名"帕帖尔"的印度人就会拒绝其入境。

被误解的莫迪总理

有一部分欧美媒体给印度总理莫迪贴上了"印度至上主义者"的标签。还有人认为，莫迪上台导致印度国内各宗教间的关系逐渐恶化。

但我认为莫迪并不是"印度至上主义者"，他是一个永远将经济发展放在第一位的实利主义者①。莫迪作为一名政治家拥有非常优秀的平衡感，所以他并不是一个"印度至上主义者"。

在印度的印度教徒一直以来都非常缺乏团结性，因为被殖民时期的英国统治者害怕印度教徒叛乱而采取了分割统治的方法。吸取历史教训的莫迪在上台之后努力提高印度的团结性，这导致他被一些欧美媒体称为"印度至上主义者"。

不过，"印度至上主义者"也确实存在。这些人否定欧美的文化和价值观，甚至提出应该废除情人节。但这些人的主张根本得不到大多数人的支持，因为在经济飞速发展、人民生活水平不断提高的现代，"印度至上主义"之类的主张在印度根本没有市场。

印度"种姓制度"的今天

说起印度，或许很多读者都会想到"种姓制度"。在印度，"种姓制度"确实在很长一段时间内都非常有

---

① 实利主义者是要给人民带来实际利益，并在做事时追求利益不能吃亏的人。

影响力。

据说"种姓制度"始于公元前 13 世纪，欧洲来的雅利安人在统治印度的时候，将印度人划分为许多种身份和阶级。

"种姓制度"的阶级大致可以分为四个。位于最上级的是担任祭司的"婆罗门"，第二级是担任贵族和武士的"刹帝利"，第三级是担任商人和工匠的"吠舍"，第四级是被征服的"首陀罗"。在各阶级中，还有因职业等更加细分化的种姓。子女只能从事与父母相同的职业和工作，结婚对象也只允许在同种姓之间选择。

"种姓制度"对统治者来说是非常方便的一种制度。通过种姓制度将国民分割开，可以防止印度出现大规模的叛乱。此外，这样做还可以保持国民之间的力量平衡。

比如位于最上级的"婆罗门"可以担任神职人员和学校的教师，广受社会大众的尊敬，但他们的资产非常少；可以担任军人的"刹帝利"虽然比"婆罗门"低一级，但在政治上拥有很强大的影响力；而担任商人的"吠舍"在经济方面则拥有更大的优势。

虽然印度在独立后不久就通过宪法废除了"种姓制

度"，但"种姓制度"是自从公元前就存在的体制，即便被宪法废除之后，仍然顽强地存在于印度社会之中。现在的印度仍然受到"种姓制度"的影响，担任军人的绝大多数仍然是"刹帝利"，经营美容院的人大多是理发业种姓"纳伊"的后代。

"种姓制度"在印度乡村地区的影响更大。如果在乡村地区搭乘长途火车，可能会被邻座的人突然询问"你是什么种姓"。生活在乡村的人甚至不认为种姓是一种"错误"的制度。

不过，城市里的人对种姓的认识则和乡村的人完全不同。企业在入职面试的时候绝对不能询问面试者的种姓，否则可能会遭到起诉甚至要支付巨额的赔偿。印度中央政府也为了消除种姓歧视而采取了许多措施，比如制定了针对低种姓的优待政策，相应种姓的人在大学的升学考试和公务员考试中都可以得到加分。这是国家为了提高低种姓人群的社会地位所做的努力，我所就读的IIT也有不少凭借特定种姓的优待政策而入学的同学。

"种姓制度"导致的歧视现象在印度是确实存在的，很多最低种姓的人即便遭到犯罪行为的侵害，也经常被警方置之不理。

　　"种姓制度"还经常被政治利用。有的政治家为了获得某些种姓群体的支持，会故意提出针对这些种姓的优待政策。优待政策成为权力的温床，导致印度经常出现要求将自己加入优待政策的游行活动，有时候甚至会发展为暴动。

　　我在IIT读书时，几乎没有和朋友提起过"种姓制度"的话题，我也完全不知道周围的同学们都是什么种姓。我们并不是下意识地去回避这个问题，而是生活在城市里的年轻人对"种姓制度"根本就不在意。

　　我连自己的种姓是什么都不太清楚，不过据说我的祖先从事的是"会计"工作，主要为"刹帝利"管理资产。"会计"这个种姓应该是存在的，但它具体属于哪个等级我就不知道了。

"旧印度"与"新印度"

　　正如乡村与城市对种姓制度的认识存在巨大的差异所象征的那样，现在的印度实际上也是"两个印度"共存，即"旧印度"与"新印度"。

　　"旧印度"如今仍然被"种姓制度"牢牢束缚着。绝大多数人都说着当地的方言，完全不懂英语。教育水平低下，大多从事农业工作。由于社会经济运行效率[①]很低，所以人们大多生活在贫困之中。

　　另一方面，以大城市为中心迅速发展起来的则是"新印度"。"新印度"并不在意"种姓制度"，与出身背景相比更重视个人的能力。绝大多数人都接受过高等教育，所以擅长说英语。大多从事 IT、通信等高科技现代产业，是中产阶级的代表。但并非所有居住在大城市里的人都是"新印度人"。那些居住在大城市贫民区的人仍然没有从"旧印度"中逃离出来。

　　从整体上来看，现在的印度人口仍有七成以上属于"旧印度"。但在经济方面，"新印度"则表现出很强的存在感。恐怕印度国内生产总值的七八成都是"新印度"创造的。

　　今后"新印度"必将继续扩大。印度每年有 200 余万人从大学中毕业，仅理工科的毕业生就有 30 余万人。这些接受过高等教育的人都将作为"新印度"的一员成

---

① 社会经济运行效率是指在一定的经济成本的基础上所能获得的经济收益。

为中产阶级。

20 世纪 80 年代以前的印度基本完全属于"旧印度"，处于闭关锁国的状态之下。但在 20 世纪 90 年代施行经济自由化之后，印度开始与世界接轨。外国的资本和企业纷纷进入印度，印度与海外的贸易也逐渐增加。"新印度"就是在这样的时代背景下逐渐形成的。

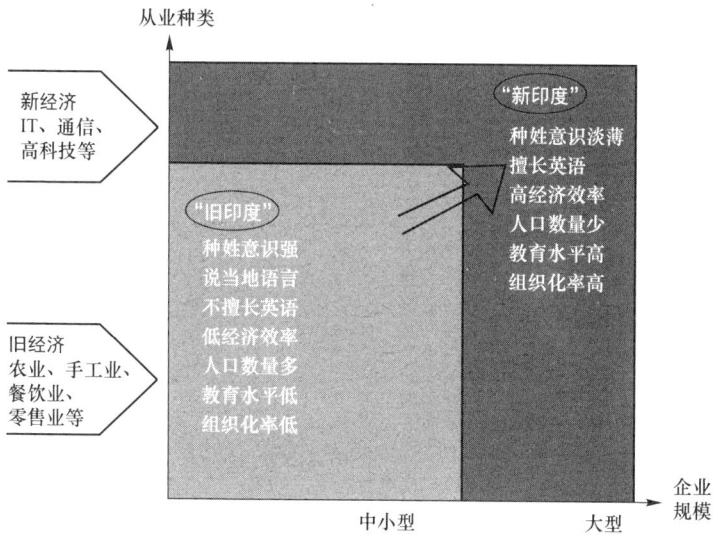

从业种类

新经济
IT、通信、
高科技等

"新印度"
种姓意识淡薄
擅长英语
高经济效率
人口数量少
教育水平高
组织化率高

"旧印度"
种姓意识强
说当地语言
不擅长英语
低经济效率
人口数量多
教育水平低
组织化率低

旧经济
农业、手工业、
餐饮业、
零售业等

中小型　　　　　大型

企业
规模

印度在经济自由化之前，庞大的人口只是一种负担。由于经济效率低下，国民连最基本的温饱都难以保障。但随着"新印度"的持续发展，印度的人均购买力也随之提高，印度市场的魅力终于显现出来。海外资本纷纷涌入印度，为印度国内产业的发展做出了巨大的贡献。人口"品质"的提升使曾经只是"负担"的人口变成了印度的"财富"。

印度人的识字率在刚独立不久的 1951 年还不到 18%。而现在这个数字已经增加到了 75%。虽然与日本这样的发达国家相比还是很低，但对印度来说是一种惊人的进步。

帮助印度取得巨大进步的是"教育"。最近日本也开始关注印度的教育，那么印度究竟采用的是怎样的教育方法呢？在第二章中我将结合自身的经历为大家进行详细介绍。

印度理工科人才是这样培养出来的

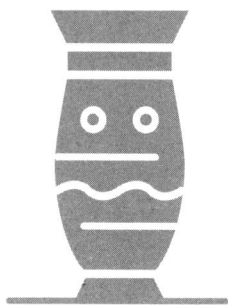

没有电力也没有自来水的少年时代

1973 年，我出生于印度西北部拉贾斯坦邦一个名叫巴尔梅尔的小镇。拉贾斯坦邦与巴基斯坦接壤，巴尔梅尔距离印巴国境线只有 100 千米。

在印度的行政区划之中，国的下一级是邦，邦的下一级是县，再下面是市和镇。巴尔梅尔是巴尔梅尔县的县政府所在地。这么说的话，或许有人会觉得巴尔梅尔是一个比较繁华的大城市，但在我小的时候，巴尔梅尔最高的建筑只有三层。实际上巴尔梅尔是个非常偏僻的乡村，即便在印度也算是一个很贫穷的地区。

在 20 世纪 70 年代到 80 年代的印度乡村，人们都过着怎样的生活呢？在进入本章的正题——"印度的教育"之前，让我先以自己为例，向大家介绍一下印度普通家庭的生活情况。

我的家庭是一个四口之家，除了我的父母外还有一个大我 4 岁的哥哥。我的父亲维伦德拉·库马尔（Virendra

Kumar）在一家政府企业中负责库存管理的工作。他经常出差，总是不在家。我的母亲乌莎·拉尼（Usha Rani）是一名小学教师，她是当时印度非常少见的从大学毕业的女性，因此我的母亲在镇上也算是个名人。

"乌莎·拉尼老师的儿子"，邻居们总是这样称呼我。对我来说，母亲是我的骄傲。

我母亲任教的小学位于离我家25千米之外的一个村庄，这个小学的教师只有母亲一个人。母亲每天凌晨3点半就要起来，为我和哥哥做好早饭之后，还要步行2千米去车站搭乘早晨6点钟的列车，这也是早晨开往那个小村庄唯一的一趟列车。

当时印度对女性的歧视非常严重，虽然母亲从来没对我们说过，但我猜她作为一名十分少见的印度女性教师一定遭受过各种各样的歧视吧。

我的父母都出生于北方邦，因为父亲工作的关系才来到巴尔梅尔。母亲在这里没有亲戚，父亲还经常不在家，她经历的艰辛简直难以想象。

巴尔梅尔的四周都被沙漠所包围，虽然很多当地人都以农业为生，但这里实在算不上是适宜发展农业的土地。所以很多孩子在长大成人之后都离开巴尔梅尔另谋生路。当地人从事最多的是"建筑业",据说巴尔梅尔出身的建筑工人甚至遍布印度全国。

一直到我上小学的时候,家里也没有通电和自来水,到了晚上就只能点煤油灯照明,上厕所也只能去我家附近的公共厕所。虽然我家的房子是用石头建造的,但漏雨非常严重。不过能用石头建造房子已经很不错了,因为周围还有不少人家的房子是用牛粪建造的。

沙漠型气候最大的特点就是温差极大。冬季这里的气温处于零摄氏度以下,而到了夏季则可以高达50摄氏度,这里每年夏天都有人死于酷暑。我还记得小时候家里的石头墙热得烫手,而我们当时连电风扇都没有。

我上小学后搬到了父亲公司为员工提供的宿舍中,虽然这里有了电和自来水,但自来水每周只供应一次,而且每次只持续两个小时。在夏季干旱的时期,甚至有停水一整个月的情况。在这种时候我就只能拿着水桶步行 20 分钟到附近有大蓄水罐的人家讨水。因为生活贫困,所以只能依靠邻居们相互扶持、互帮互助来过日子。

我就读的小学离家 3 千米,但这段路没有公共交通工具。自行车在当时对我们家来说是一种奢侈品，我直到上高中之后才拥有了人生中第一辆自行车，所以我在小学时代一直都是步行上学。但我还不是最惨的，与我同年级还有需要在沙漠里步行十多千米来上学的人。

小学的校舍也是由石头建造的，夏天天气热的时候大家没办法在教室里上课，于是只能挪到外面的树荫下学习。现在回忆起来，我自己都难以相信曾经的生活是那么的艰苦。但在当时，这种生活条件在印度是十分常见的。

为什么印度人大多出生在 7 月 1 日？

我在第一章中提到了印度的"全球化人才"和"多样性"，事实上印度人从小就生活在充满多样性的环境中。

在我就读的小学中，有许多年龄各不相同的同年级学生。印度小学的入学年龄是 6 岁，但在 20 世纪 70 年代，能够在 6 岁准时入学的孩子非常少。

我的同班同学之中有许多身材比我高大的同学，他们要比我大三到四岁。除此之外，还有很多学生不知道自己的出生日期。

印度因为缺乏完善的户籍制度，所以很多人都不记得自己的年龄和出生日期。

即便到了现在，印度的农村中也有很多人出生于"7月1日"。这是因为印度学校的新学年从7月1日开始，不记得自己出生日期的学生，在入学时都会向学校宣称自己的生日是7月1日，而且刚好出生于6年前。

贫穷也是导致这一情况的原因之一。当时在巴尔梅尔，同龄人中上小学的孩子只有不到一半。很多家庭不让孩子上学，而是把孩子留在家里帮忙维持生计。这些孩子的家长本身也没有接受过教育，所以他们也不知道让孩子去上小学有什么意义。如果让孩子去念书，那家里就少了一个挣钱的人手。他们只打算让孩子长大以后继续种地，所以认为去学校念书完全是一种浪费。

学校方面也没好到哪里去。学生都已经在教室里坐好，可教师无故缺席的情况时有发生。在发达国家，逃课的都是学生，但在印度，逃课的却是教师。

甚至还有将应该发给学生的教科书拿到书店去卖掉的教师。当时印度的公立小学都是免学费而且免费发放教科书的。但那时不仅有公然贩卖教科书的教师，还有不少人以为"让孩子去念小学需要缴纳学费"。

有时候街坊邻居如果发现附近有没上小学的孩子，就会把他们送到学校去。但因为平时大家叫的都是小名，所以并不知道孩子的正式名字是什么。这个时候就会像"7月1日"的生日一样，随便给孩子取个名字报给学校。这些听起来非常不可思议的事情，就是当时印度乡村中普遍存在的实际情况。

基础教育的普及是一场"平静的革命"

印度小学的班级中一般有40到50人，很多学生都光着脚。但也会有一些印度政府官员或大学教授等富裕家庭的孩子，他们穿着牛仔裤、T恤衫和运动鞋。在经济自由化之前的印度，这种美国风格的装扮非常流行。

上小学时，印度政府官员家的孩子是最有钱的。我还记得小时候去这些同学家玩时，对他们家里的奢华程度大为震惊。

当时巴尔梅尔几乎没有电视，因为电视信号传不到像巴尔梅尔这样的乡下，但政府官员的家里有录像机。我那天坐在从没见过的豪华沙发上，目不转睛地看着电视里播放的美国音乐片，人生第一次感受到文化的冲击。

顺带一提，我家直到我上高中的 20 世纪 80 年代才拥有第一台电视机，不过当时电视里只有一个频道，节目也只从傍晚开始播放四个小时。

在很多孩子因为贫穷而无法上小学的同时，也有过着富裕生活的孩子。印度在那个时候就是贫富差距极大的国家，我认为这种差距也提高了孩子们对"多样性"的认识。

印度在 20 世纪 80 年代之后才开始逐渐普及基础教育，当时的印度政府不断在全国各地修建小学。但不管修建多少学校，如果不改变家长的教育意识，他们仍然不会将孩子送到学校去。在这种情况下，发挥关键作用的是"学校供餐"这项举措。当得知送孩子上学不但不需要学费还能有饭吃的时候，家长们终于愿意让孩子去上学了。

由于小学数量的迅速增加，配套教师数量不足的问题也越来越严重，我高中时的同学几乎都成了当地小学的教师。那个时候巴尔梅尔能上高中的学生还不到全部学生的 1/4，而且即便高中毕业也找不到什么合适的工作，因为那时印度几乎没有什么民营企业，所以绝大多数的高中毕业生都会去报考公务员。当小学对教师的需求激增之后，大家就一股脑去当教师了。

时任印度总理的英迪拉·甘地（Indira Gandhi）虽然因为采取了独裁的统治方法而遭到批判，但她在普及基础教育方面确实做出了巨大的贡献。国民识字率的提高使印度人才的"品质"大幅提升，这也为后来印度经济的飞速发展打下了坚实的基础。我认为基础教育的普及对于印度来说相当于一场"平静的革命"。

印度人都擅长"乘法口诀"吗？

印度的公立学校一般的学制是小学 5 年、初中 3 年、高中 4 年。与日本相比，小学少 1 年，高中多 1 年，但大学之前的教育总时长都是 12 年。

印度学校使用的教科书是由各邦政府独立决定的。但印度是一个不管做什么事都没有标准的国家，就算有明文规定也不一定会被严格遵守。所以即便使用同样的教科书，不同的教师在课堂上讲授的内容也经常会有很大的区别。

印度小学学习的科目有语文（印地语）、数学、社会、科学等，这些和日本十分相似。受印度独立之父、提倡自给自足的圣雄甘地的影响，印度的小学还教授纺纱和织布。除此之外，还有日本的小学几乎接触不到的"宗教"内容，在"宗教"课上会讲授印度教、伊斯兰教、基督教等主要宗教的由来以及教义等基本知识。

最近，印度的数学教育受到了日本的关注。日本人似乎认为印度之所以能够培养出这么多优秀的理工科人才，是因为印度从基础教育开始就对数学非常重视。但实际上印度各个邦的教学计划都是各不相同的。

在外国人看来，印度人全都能够背诵两位数的乘法口诀，但实际上并非如此，因为在印度有很多孩子没有上过学。有些擅长数学的小学生能够背诵到"19×19"，而我只能背诵到"14×14"，把乘法口诀背诵到多少完全是由学生自己决定的，学校对此并没有任何规定。英语也一样，每个学校的英语课安排各不相同，像我就读的小学每周只有三次英语课。

不过，印度确实有重视数学教育的传统。早在公元前，印度就已经出现了"吠陀数学"，这是印度教前身的婆罗门教的圣典中记载的计算方法，掌握之后能够进行两位数的心算。此外，"0"的概念和十进制据说也是印度人发明的。

印度人从小就对数学十分熟悉，我小的时候就经常和朋友们互相考对方数学题。因为当时没有什么娱乐项目，所以数学与其说是"学习"不如说更像是一种"娱乐"。日本的小学生如果足球或棒球玩得好就会令人刮目相看，而在印度，小学生证明自己的方法就是背诵"乘法口诀"。除了文化上的差异外，印度人喜欢数学式的思考和讨论抽象的概念也是导致出现这种情况的原因之一。

擅长体育并不会得到更多的尊重

我在少年时代并没有进行体育运动的习惯。当时印度的学校没有像日本那样的社团活动。本来印度就有重"脑力"轻"体力"的传统，凭借力量让对方屈服也不会得到尊重，而凭借脑力成功地驳斥对方的论点则能够让所有人信服。

在奥运会上鲜有成绩优异的印度人，或许与印度人这种特殊的价值观也有些关系。印度比较流行的体育运动有板球、羽毛球、台球、射击等。除了羽毛球之外，其他都是不需要剧烈碰撞的运动，而且这些几乎都是个人项目。虽然板球是团体项目，但不像足球那样对团队合作有很高的要求。不管什么事都要讨论一番的印度人非常不适合参加团体体育项目。

近年来，板球的职业联赛在印度大受欢迎，很多企业为印度的职业板球队提供赞助，比赛也在印度全国范围内转播。顶级的板球选手甚至能够得到上百万美元的年薪。但在我小的时候，每次和朋友们一起踢足球，就会被大人们训斥道："你将来的工作打算怎么办！"

在日本，很多小学生的梦想都是成为职业的足球或者棒球选手。虽然板球在印度很受欢迎，但现在也很少有印度的小孩子将成为板球选手当作自己的梦想，印度的孩子们更重视学习以及寻找摆脱贫困的方法。

我的乘法口诀只背诵到"14×14"，但与只能背诵一位数乘法口诀时相比，能够背诵两位数的乘法口诀给我带来了很强的自信。与一位数的乘法口诀相比，两位数的乘法口诀对大脑的刺激更强。在我未来继续深造物理学的时候，小学打下的数学基础给我提供了巨大的帮助。

小孩子的大脑比我们想象得更加灵活，隐藏着无限的可能性，所以在小学时期对大脑进行锻炼非常重要。不管是背诵乘法口诀还是学习外语，小孩子总能很快就接受新知识。我觉得日本的小学也可以适当地提高课程的难度。

我的偶像是牛顿和爱因斯坦

在 20 世纪 80 年代的印度，孩子们未来能够选择的职业十分有限。像我这样对理工科比较感兴趣的孩子，关于将来的理想职业只能想到科学家、医生或者工程师。

工程师大多在印度的政府部门里工作。在当时，印度的公务员就是"贪污腐败"的代名词。虽然现在贪污腐败仍然是印度的一个非常严重的社会问题，但在那个时候更加严重。我小学同学里最有钱的就是政府官员家的孩子，可见印度的贪污腐败现象有多严重。

因为我从小就对贪污腐败深恶痛绝，所以我的理想就是长大后能够成为一名科学家。我的偶像是牛顿和爱因斯坦，我希望能够成为跟他们一样的科学家，用自己的发明和创造去帮助那些贫困的人。但要想实现成为"科学家"的梦想，我就必须掌握英语，因为当时印度的理工科大学大多使用英语进行入学考试。

我一直到高中上的都是巴尔梅尔当地的公立学校，学校使用印地语进行授课。虽然学校也有英语课程，但公立学校的教师本身英语水平就不怎么高，讲课也只是拿着教科书照本宣科，所以我只能自学英语。

印度有一个公立的"中央学校"体系，这是为了照顾那些需要经常在国内调动的政府官员的子女，由国家在各个城市之中设置的特殊学校。中央学校从小学到高中基本都是用英语授课，是印度非常少有的拥有完整教育体系的学校，所以我购买了"中央学校"的教科书用于自学。

在我念高中的时候，每年都有全邦的统一考试，考生们可以选择用印地语或者英语进行考试，我每次都选择用英语参考。在我就读的高中，用英语进行考试的只有我一个人。

我打算报考的 IIT 是印度第一任总理贾瓦哈拉尔·尼赫鲁（Jawaharlal Nehru）为了培养科学家和工程师等人才成立的大学。虽然 IIT 也算是印度的知名学府，但我在高中毕业的一年前甚至都没听说过这个名字。

日本就连小学生都知道"东大"（东京大学），但当时印度乡村地区的信息非常闭塞，巴尔梅尔过去更是从没有学生考上过 IIT。

就连我们高中的教师都不知道 IIT。听起来似乎很令人难以置信，但这毕竟是发生在印度的事情。当我向班主任报告自己决定报考 IIT 坎普尔分校的时候，班主任很奇怪地问我："为什么要报考那么远的学校？"位于印度北部地区中央的坎普尔与位于印度北部地区西端的巴尔梅尔确实相距很远，我们班主任之所以觉得我的志愿填报"非常奇怪"，其实只是因为离我们太远了而已。

在日本的高中，班主任通常会向学生们提供升学的建议，不过这种事在印度是没指望的，至少在公立学校里是绝对没有的。学生只能自己搜集相关信息，做出尽量正确的决定。

用英语参加统一考试这一决定我也没和我的班主任商量过，完全是自己做出的决定。现在想想，如果我当时没有做出这个决定的话，恐怕就没有机会考上 IIT 了吧。

"随机应变"的印度人

印度人从小就习惯了用自己的大脑进行思考和判断。准确来说，是不得不习惯。

日本的学生，自有学校和父母为其准备好未来的一切，完全不必为学习资料和考试信息而发愁。至于第二天去学校都需要带什么，需要去什么地方购买相关资料，也全都不用自己操心。

但是在印度，哪怕只是一根铅笔，也无法保证在附近的商店里就一定能够买到。在这种时候应该怎么办呢？印度的孩子不会依赖父母，经常会自己思考并展开行动。

如果实在搞不到铅笔，那就必须向教师说明理由。为了让对方理解自己的状况，通常需要学生的解释具有很强的说服力。虽然听起来这好像只是学习上的一些无关紧要的小事，但实际上这是与"英语"和"数学"同等重要的事情。

印度的学校不像日本的学校那样有完善的课程计划，不同的学校和教师，教学的方法与内容也完全不同。即便是印度人非常擅长的英语和数学，在印度也没有全国统一的课程，所以印度人需要从小不断积累才能掌握最准确的知识。

印度人曾过着非常贫穷的生活，经常会遭遇到物资不足的局面。比如想从井中打水，但是由于井水太深，无法凭人力将水打上来。如果用水泵的话，又没有电力。在这种时候，印度人就会用摩托车上的发动机来代替电力驱动水泵。这种用智慧来弥补贫穷的方法就是印度人所谓的"随机应变"（jugaad）。

近年来，美国的商学院也开始教授"节俭式创新"（frugal innovation）的概念。这是一种不拘泥于过去的经验，用前所未有的方法削减不必要的成本进行创新的方法。印度的塔塔汽车公司就是通过节俭式创新开发出了令发达国家都难以置信的低价汽车。节俭式创新就是对"随机应变"的活用。

不过，"随机应变"在印度并不是一个褒义词。为了打水用摩托车的发动机来驱动水泵，不但需要消耗汽油，而且在打水的时候摩托车也无法正常使用。所以说这种解决办法只不过是一种权宜之计。说得好听点是"随机应变"，说得不好听就是"临时凑合一下"。但在面对突发状况时，随机应变往往能够发挥出非常强大的力量。

除了特别有钱的阶级之外，任何在印度生活的人都会遇到需要随机应变的情况。而从小就在这种环境下长大的印度人，自然而然地培养出了随机应变的能力。

IIT 的入学考试

生长在拉贾斯坦邦乡村的我，是通过哥哥拉吉布才知道 IIT 的存在的。我的哥哥从小就非常聪明，读小学的时候甚至还跳了级。但他和我一样，在上大学之前根本没听说过 IIT，结果他只报考了拉贾斯坦邦内的大学。如果当时我们消息灵通一些的话，拉贾斯坦邦第一个考上 IIT 的人或许就是我哥哥了。

我从哥哥那里得知 IIT 的事情时，距离我高中毕业还有一年左右。但我当时对 IIT 缺乏足够的认识，一直也没有决定是否报考。因为在拉贾斯坦邦之内的大学也有我感兴趣的物理专业。但哥哥坚信我一定能考上IIT，在他的努力说服下，我才终于下定决心报考。

我决定报考IIT的时候，提交入学志愿书的最后期限也即将到来，多亏哥哥的朋友偶然在报纸上看到报名的截止日期才避免了悲剧的发生。虽然现在可以通过互联网直接提交入学志愿书，但在当时那个年代，我需要自己去领取志愿书，然后将上面的内容填写完毕之后再提交上去。

在巴尔梅尔没有IIT入学志愿书的领取点，离我最近的领取点位于坐巴士需要三个小时才能到达的城镇里。我拜托一个认识的司机朋友开车带我去领取志愿书，来回的车费对当时我的家庭来说也是一笔不小的开支。虽然好不容易拿到了志愿书，但当时印度的邮递服务非常差，就算将志愿书邮出去了也不知道能不能送到。为了保险起见，我又拜托那位司机朋友将志愿书亲自送到位于另一个城镇之中的IIT的办事处。

因为是临时起意报考IIT，所以我正式准备考试的时间大概只有一个月左右。入学之后我才知道，没有去过补习班就考上IIT的学生可谓凤毛麟角，绝大多数的学生都是从初中开始就上补习班来为 IIT 的入学考试做准备的。

据说当时 IIT 的录取率只有 1%，而且报考 IIT 的基本都是做了充足准备的学生，可见 IIT 的入学考试竞争有多么激烈。既然如此，为什么没上过补习班，也没了解过考试信息的我竟然考上了呢？

我从小就是那种按照自己的节奏和兴趣来学习的类型。有时候我会为了解开一道复杂的数学题或者物理题，甚至花上三到四天的时间。我从不死记硬背，而是尝试深入地理解知识的规律。或许这种学习方法在 IIT 入学考试中也派上了用场吧。

说句题外话，现在以 IIT 为目标的补习班遍布印度各地。可能也是受 IIT 又增加了几个校区，以及报考人数大幅增加的影响吧。IIT 的专门补习班如今已经成为一笔大生意，我在 IIT 的同学之中甚至有辍学开设补习班并大获成功的人。

IIT 的考试科目包括数学、物理、化学和英语四门。现在这四门学科的考试都会在一天之内完成，但在我考试的那个年代要花上整整一周的时间。不但一天只考一科，而且下一科还要等到两天后才开考。

IIT 的考场都在印度的大城市，我专门跑到我哥哥居住的比卡内尔去参加考试。从巴尔梅尔到比卡内尔大约有 400 千米的距离。考试期间我借住在哥哥的宿舍里，考试当天由哥哥骑自行车把我送到考场。

考试题目分为选择题和论述题。现在回忆起来，我的论述题答案和其他考生的答案应该大不相同，因为我没有参加过补习班，所以我写的内容一定与标准答案相去甚远。我之所以会被录取，可能是阅卷教师看到了隐藏在我身上的可能性而打算赌一把。

录取结果通过报纸公布，当我在报纸上看到自己的准考证号码时并没有太过激动，只是感觉松了一口气。我能上高中全靠母亲的支持和帮助，而我报考 IIT 则多亏了哥哥的劝说。如果没能考上 IIT 的话，我的人生轨迹一定和现在截然不同。从这个意义上来说，我对我的家人实在是感激不尽。

坦白讲，当时我非常相信自己会被录取，因为我在高中的成绩总是名列前茅，在总共有 25 万人参加的全邦统一考试中成绩也排在前十名左右。那时候我可能自己都觉得"我或许是个天才"，但实际上那时候的我只不过是一个连印度国内的情况都不甚了解的"井底之蛙"。当我入学 IIT 之后，就认识到了自己是多么的无知。

IIT 是印度的"东京大学法学部"

身为 IIT 毕业生的我这样说似乎有自吹自擂的嫌疑，但 IIT 确实是印度非常顶尖的学府，甚至说印度的大学可以分为"IIT"和"IIT 以外"都丝毫不为过。

日本以培养出众多政坛领袖和顶尖精英而著称的东京大学法学部以文科教育而著名，美国国内最顶尖的哈佛大学虽然以理工科的研究水平之高闻名于世，但其最著名的是商学院和法学院等文科院系。而 IIT 却不同，身为理工科大学却是印度最顶尖的学府，这主要是受印度国情的影响。

印度也有很多文科大学，但即便是最顶尖的文科大学，入学难度也比 IIT 要低得多。因为在印度，从文科大学毕业没有什么发展前途。

印度的财团和政治家等特权阶级的子女，从小就在私立学校接受英语教育。他们在高中毕业之后就会离开印度，前往英国等发达国家的大学留学。虽然留学的费用很高，但对这些特权阶级来说完全不是问题。

英国曾经是印度的宗主国，是很多印度人憧憬的国度。印度特权阶级的子女在英国学完政治和经济之后，就会回到印度继承家里的产业或者进入印度政坛。

而特权阶级之外的孩子们，即便成绩十分优秀也没有去英国留学的资金，加之印度的政治和经济都被特权阶级所把持，所以普通家庭的孩子就读国内的文科大学没有什么前途。这就导致印度优秀的学生们全都以考上理工科的 IIT 为目标。因为只要在 IIT 掌握了理工科的知识，毕业后就至少可以从事与科研相关的工作。

IIT 是一所与美国有着紧密联系的大学，就连"IIT"这个名字都是来自美国知名的麻省理工学院（Massachusetts Institute of Technology，MIT）。IIT 刚成立时，MIT 派遣了许多专业的教授前去支援，因此，IIT 的学生有许多前往美国大学留学的机会。去美国留学，意味着离开贫穷落后的印度社会，能够凭借自己的专业知识在世界的舞台上发挥力量。

此外，之所以说 IIT 是印度的"东京大学法学部"，是因为 IIT 不仅培养了许多理工科人才，很多印度政府的高级官员也毕业于 IIT。

印度官员的选拔制度与日本不同，高级官员的储备人才都是由政府统一招聘的。这些储备人才会先被派往印度的中央省厅或者地方政府进行锻炼，因此印度的高级官员比一直在同一个省厅里工作的日本官员们拥有更多的权力。对于普通家庭的孩子来说，成为高级官员是接近特权阶级的唯一手段。

正如日本的官员世界里有"东京大学派系"一样，IIT 也有培养人脉的作用。但在印度，要想成为高级官员，必须通过印度行政服务局的考试。除了印度行政服务局的考试之外，印度国家级公务员的考试还有外交官的印度外事服务处的考试、印度税务局的考试、印度警察局的考试等，其中印度行政服务局和印度外事服务处的考试是难度最高的。所有参加考试的考生全都在同一个起跑线上，绝对不会因为你是 IIT 毕业生而有加分。

在 IIT，有不少学生一入学就开始准备 IAS 的考试。他们对理工科的学习并没有兴趣，报考 IIT 只是为了这个名头罢了。

IIT 的特征之一是学费低。因为 IIT 培养的是印度未来的栋梁之材，因此印度政府投入了大量的资金为学校准备了最先进的教学设备，同时还用税金补助学费。我就读的时候每年的学费折合成美元只有 20 美元左右，现在每年的学费虽然涨到了 1400 美元左右，但贫困生能够得到奖学金。只要你成绩优异，就算家庭贫困也一样能够在 IIT 就读。

有的学生参加 IAS 的考试屡次失败，就会一直留在 IIT 不毕业。这是因为 IIT 的学费便宜，所以他们打算住在学校的宿舍里直到通过考试为止。虽然 IIT 留级的时间是有限制的，但到时候可以将学籍转为研究生继续留在 IIT。IIT 的研究生比本科生好考，对于考入 IIT 本科的人来说，考上 IIT 的研究生毫无难度。不过由于 IIT 的学生越来越多，近年来 IAS 也开始限制报考次数了。

刻苦学习的大学生活

1990 年，我进入了 IIT 坎普尔分校的物理系就读。现在 IIT 在印度各地拥有 16 所分校，但在当时包括坎普尔分校在内，IIT 只有 5 所分校。

IIT 坎普尔分校成立于 1959 年，是 IIT 中历史第三古老的校区。我之所以选择这所分校，是因为听说这里的物理学教学水平最高。

坎普尔位于印度首都新德里的东南方向，从新德里坐火车大概需要 5 个小时才能到达。坎普尔拥有超过400 万人口，是印度非常著名的工业城市，被称为"印度的曼彻斯特"，但同时其治安的恶劣程度也非常有名。

IIT 坎普尔分校每年的招生人数在 300 人左右，与日本的大学相比这个人数是相当少的，因为 IIT 秉承的是少数精英教育的宗旨。和我同年入学的大部分都是男生，女生只有 5 个人。因为校区距离坎普尔市中心有20 千米的距离，再加上当地的治安条件非常差，所以这里被女生敬而远之。

IIT 坎普尔分校中除了有物理系外，还有计算机科学系、电子工程系、机械工程系、化学系等院系。计算机科学系的学生最多，一个学年大约有 40 个人。而我所在的物理系，包括我在内只有 14 个人。每个学生入学时就读的院系是由考试成绩和学生自己的志愿决定的，但大学二年级的时候也可以根据期末考试的成绩进行调整。令我自豪的是，物理系的学生大多在入学考试时取得了优异的成绩，在整个学院备受瞩目。

学生们全都住在学校提供的宿舍里。前两年是两个人一间的宿舍，从大学三年级之后就变成了一人一个房间。吃饭可以在学生食堂。每个月的住宿费和伙食费只需要150卢比（约合2.5美元）。或许有人不相信物价会这么便宜，但在经济自由化之前，印度的物价就是这样。我得到的奖学金是每个月300卢比（大约5美元），由此可见当时的物价水平有多低。

印度很少有人喝酒。虽然印度教并不禁酒，但印度社会普遍认为酒精是"恶"的象征。在印度，酒精往往是导致暴力和强奸等犯罪的元凶。虽然我也会在IIT的宿舍里和朋友们一起喝点啤酒，但没有像日本人那样和同学们一起在外面举办联谊会的习惯，因为校区距离坎普尔市中心比较远，而周边又没有像样的餐馆和酒吧，就连最近的电影院距离我都有10千米。

校区里女生很少，就算走在街上也很少能遇到女性。在当时的印度，男女在结婚前基本没有交往的机会，但这并不意味着我们对女性不感兴趣。我记得有一个学生成功地追到了住在校区内的教授的女儿，结果这个幸运儿就成了全校男生羡慕与嫉妒的对象。

IIT 为了全面培养学生们的素质，所有的学生都可以在前两个学期学习所有理工科的科目。但在进入专业领域后，学生之间的竞争就会一下子变得激烈起来。因为 IIT 的教育方针就是鼓励学生间的相互竞争。

比如 IIT 考试采取的是相对评价法[①]。即便考了 70 分，但平均分是 80 分的话，那仍然属于不及格。而且 IIT 的考试没有固定的时间，经常搞突然袭击，以此来检验学生们平时的学习情况。有不少学生因为害怕考试不及格，以至于除了吃饭和睡觉，每天都把自己关在宿舍里学习。

学生如果考试连续不及格，就会被勒令退学。即便是以通过高级官员考试为目标的学生，也必须适当地学习大学课程以保证自己不会被退学。每个进入 IIT 的学生都是为了改变自己的人生，甚至还包括全家的人生，所以拼命学习也是理所当然的。

———————————

① 相对评价法是在评价对象的集合中选取一个或若干个作为基准，然后把各个评价对象与基准进行比较。

"考试精英"的悲剧

不过因为 IIT 内部的竞争过于激烈，所以有的学生在学校里一个朋友也没有，他们把别人全都看作是竞争对手，对所有人都充满了戒备心理，有的人甚至还精神失常了。

考入 IIT 的学生，全都是在家乡的高中成绩数一数二的优等生。这些从没在学习上经受过挫折的年轻人在进入 IIT 之后一旦被打上"不及格"的烙印，很有可能会从此一蹶不振。

希腊神话中有一个叫作"西西弗斯"的故事。西西弗斯因为受到众神的惩罚，要将一个巨大的岩石推上山顶。但岩石越接近山顶就变得越重，西西弗斯无法承受岩石的重量，只能眼睁睁地看着岩石滚落下去，然后他就要再次将岩石推上来。

曾经有一个同学年的学生，拿着英文版的"西西弗斯"故事找到我的同班同学说："我想和你讨论一下这本书的内容。"我的这位同学不但学习成绩优异，而且人也很善良，深受其他学生的信赖。

"我今天晚上读一读，明天我们一起讨论吧。"

我的同学接过那本书，拿来书的那个学生也回宿舍去了。但第二天，就传来了拿来书的那个学生自杀的消息。

"要是我当天晚上就和他讨论的话……"我的同学因为此事后悔不已。

在学校，成绩优异和拥有积极的人生态度完全是两码事。IIT 的学生毫无疑问是全印度最顶尖的"考试精英"，但这并不意味着他们就一定过得幸福。我在 IIT 读书的五年间，就听到有好几名学生自杀的消息。他们就像那个将西西弗斯比作自己的学生一样，难以承受沉重的压力。这也是导致 IIT 遭到印度国内批判的原因之一。

培养出大量 IIT 学生的"企业周边城"

IIT 的学生通过残酷的竞争掌握了非常专业的知识，所以教导这样的学生对教授来说可不是一件容易的事。

IIT 的教授有一些来自印度国内其他的大学，这些教授的讲义内容往往过于简单，完全无法满足 IIT 学生们的需要。因此学生们就会提出抗议，认为"听这样的课程完全是在浪费时间"。一旦学生们投诉到校长那里，被投诉的教授就会遭到解聘，返回原来的大学。

教授在课堂上被学生们反驳的情况也十分常见，甚至有的教授会因此失去自信，无法继续讲课。出现这种情况绝不是因为 IIT 的教授水平太低。IIT 的教授大多都是在美国取得博士学位的优秀人才，毫无疑问 IIT 集中了全印度最优秀的教授队伍，但奈何 IIT 学生的水平实在是太高了。

入学后，我最先发觉的就是自己的英语水平太低了。因为我从上高中起就一直用英文版的教材学习，所以对自己的英语水平很有信心。但和那些从小就接受英语教育的同学们相比，简直是云泥之别。大学一年级的时候，我几乎完全听不懂从美国归来的教授所说的英语，而其他的同学则可以用流畅的英语和教授聊天甚至开玩笑。当时我切实地感觉到了自己就是一只"井底之蛙"。

我是巴尔梅尔第一个考上 IIT 的学生，但在其他地方，却有着每年都能够给 IIT 输送 50 名学生的高中，这个地方就是印度最大的财团"塔塔集团"的核心企业塔塔钢铁公司所在的贾姆谢德布尔。贾姆谢德布尔是以塔塔财团的创始人贾姆谢特吉·塔塔（Jamsetji Tata）的名字命名的城市。在像塔塔钢铁公司这样的大企业工作的精英技术人员之中，有许多 IIT 的毕业生。他们为了让孩子们也能够考上 IIT，从小就会对孩子进行有针对性的培养。

一半以上的同级生都会前往美国留学

我在 IIT 见到过真正的天才，那就是我在物理系的同级生希拉兹·闵瓦拉（Shiraz Minwala）。他在上学的时候就拥有不逊色于教授的物理知识储备，可以说是整个学校里鹤立鸡群般的存在。

希拉兹的祖父是印度著名的物理学家。印度的精英家庭日常都用英语进行交流，希拉兹也生活在这样的环境之中，所以他的英语说得就像母语一样好。

最令人敬佩的是，他在高中时期制定的人生计划全都实现了。考上 IIT 之后，他又前往美国的著名学府普林斯顿大学留学。20 多岁就在哈佛大学得到了一份工作，然后又率领自己的研究团队返回印度。这些人生经历和他的计划完全相同。

如今希拉兹正在塔塔财团成立的"塔塔基础研究院"（Tata Institute of Fundamental Research，TIFR）中继续研究。他还获得了印度最高级别的科学奖，有不少业内学者都认为他将来很有希望获得诺贝尔奖。

我物理系的 13 名同级生中有一半以上都前往美国留学，而且他们都得到了美国的企业和财团提供的奖学金。

而我在念大学的过程中，逐渐对成为"科学家"这个梦想产生了疑问。研究是一项孤独的工作，或许是因为邂逅了希拉兹这样的天才给我造成了一定的影响，我开始更愿意与"人"打交道。

我在 IIT 读书的时候，绝对算不上是优等生。我通过竞选成为学生会成员，还参加了校内的戏剧社团，可以说大学生活过得非常悠闲。我还和朋友们一起自制 T 恤衫在大学的庆典活动上销售，结果差点被勒令退学，

因为 IIT 禁止学生们在校园内私自贩卖物品。在印度，
"学生就应该专心学习"的观点可以说是根深蒂固，IIT
的学生们甚至从不打工。IIT 的大学生活和日本的完全
不同。

只有超级名门子弟才能就读的"杜恩公学"

出生于巴尔梅尔乡村的我，在 IIT 能够与来自全印
度的"考试精英"一起学习。但是在印度，还有一群
与 IIT 的学生处于不同次元的特权阶级的子弟。这些政
经界名门子弟就读的也是一所非常特别的学校——杜恩
公学。

杜恩公学成立于 1935 年，当时印度还在英国的统
治之下。学校位于新德里以北 240 千米的台拉登，其模
板是英国的知名学府"伊顿公学"。和伊顿公学相同，
杜恩公学也只招收男性学生，采取寄宿制。杜恩公学的
学生数量只有 500 人，年龄在 13 岁到 18 岁之间。杜
恩公学的毕业生包括印度前总理拉吉夫·甘地（Rajiv
Gandhi），以及诸多政经界和演艺界的知名人士。

杜恩公学全部采用英语授课，许多学生毕业后都直接前往英国的大学留学，学成归来后沿着父辈的足迹进入政经界发展。

只有名门子弟才能就读杜恩公学，而名门之外的孩子，不管成绩多么优秀都不可能入学。对于印度中产阶级以上的群体来说，与杜恩公学一样采用英语教学的私立学校非常受欢迎。

"英语"改变人生

是否熟练掌握英语，对印度的年轻人来说是一个非常重要的问题，因为这关系到将来是否能够到美国的大学留学，对将来从事的工作也会产生巨大的影响。

英语带来的差距，从我的学生时代就已经存在。我和哥哥的人生之所以有这么大的差别，就是因为我们对待"英语"的态度完全不同。

我的哥哥并不重视英语。虽然他从小就比我聪明，成绩也比我更好，但他从不自己主动学习英语。

哥哥有很强的爱国主义思想，同时他对曾经长期殖民统治印度的英国和当今世界第一大强国美国有着比较复杂的感情，或许这也是导致他拒绝学习英语的原因吧。

哥哥就读的大学采用印地语授课，所以他并没有接受英语教育的机会。毕业之后，哥哥进入印度政府部门的银行工作，现在他已经升任为该银行在印度北部旁遮普邦帕蒂亚拉市的分行长。这在印度来说已经是一份非常不错的工作了，但现在已经接近50岁的哥哥，月收入换算成美元的话还不到1100美元。

我以前曾经在东京的欧美系金融机构工作过，当时的月收入就相当于哥哥的十倍还要多。如果我的哥哥会说英语的话，他就可以跳槽到印度的外资金融机构工作。那样的话，他的收入也会比现在多出很多。事实上，欧美在印度的金融机构从印度国内的银行之中挖走了许多优秀的人才。

不过我的哥哥对金钱毫不在意，他也从没想过去外资企业赚大钱，过上比别人更好的生活。他一直坚持着作为银行工作人员为贫困的人提供帮助的信条，总是主动前往同事们不愿意去的偏僻地区工作。与其说他是一名银行员工，不如说是一名"社会活动家"。

我们兄弟二人因为对英语的不同态度而走上了完全不同的人生道路。我从 IIT 毕业后就来到了日本，而我的哥哥在当地的大学毕业后，则一直在印度的乡村地区工作和生活。至于谁的生活更幸福，完全取决于自己的判断。但唯一能够确定的是，从我们还在上学的时候开始，英语在印度就拥有非常重要的地位了。

哥哥有两个女儿，在我来到日本的时候分别在读高中和初中。因为哥哥总是频繁地更换工作地点，所以他的两个女儿都在用英语教学的印度公立的"中央学校"读书，就是我上高中时为了用英语参加考试而购买教材的那个学校。掌握了英语的两姐妹，将来一定有更多的可能性。身为长辈，我很期待她们未来的发展。

在日本帮助下建成的 IIT 海得拉巴分校

我从 IIT 坎普尔分校毕业至今已经接近 30 年。在此期间，IIT 也发生了巨大的变化。

首先，IIT 的分校从 5 个增加到了 16 个，每年的录取人数也增加到了接近 1 万人。我入学的时候，5 个分校加起来只有 1800 人左右。

现在的 16 所分校之中，有 9 所是 2008 年以后新建的。或许有人觉得随着校区数量和录取人数的增加，学生的整体质量会随之下降，但我并不这样认为。因为IIT 仍然保持着非常高的淘汰率，其身为印度最难毕业大学的地位也丝毫没有动摇。

而且就算 16 所分校加起来录取了接近 1 万名新生，但从印度的人口数量上来看也算不上什么大数字。毕竟印度有 5 亿未成年人，其中学生的数量为 2 亿人。日本的人口只有印度的 1/10，而东京大学每年都会录取 3000 名以上的新生。

与学生的质量下滑问题相比更需要担心的其实是师资。保证优秀的师资力量需要政府投入大量的资金，还要配套先进的教学设备和环境。即便招收了全印度最优秀的学生，但如果师资力量和教学设备跟不上，也难以保证教学的整体质量。

印度也有不少私立大学，比如，曾经在麦肯锡咨询公司中担任管理者的印度人在 1999 年成立的印度商学院（Indian School of Business，ISB）就是其中的代表，这些私立大学的学费甚至比美国的知名大学还高，因此只面向富裕阶级的子女。

IIT 的优点在于，只要成绩优秀，即便是贫困阶级的子女也一样能够入学。IIT 海得拉巴分校是在日本的帮助下建成的，希望今后能得到日本更多的支援。

"个人主义"的问题

IIT 的毕业生经常因为"个人主义"严重的问题而遭到批评，或许是由于激烈的竞争和精英意识的影响，IIT 的学生虽然成绩优异，却不够圆滑和缺乏领导能力，我在与 IIT 的同学们交往的时候也经常有这种感觉。实际上，个人主义是印度人共有的一个特点。虽然这是个人强大的源泉，但要想成为领导者，仅凭个人主义是远远不够的。

IIT 也意识到了学生存在个人主义的问题，所以为了培养出更加全面的人才，IIT 开设了经济学系。此外，还加强了哲学、社会学、新闻学等理工科以外科目的教育力度。

在那之后，我去拜访 IIT 并和学生们交流过后，深刻地感受到了时代的变化。我上学的时候，一到晚上大家都聚在宿舍里，讨论"哲学"和"宗教"相关的话题，比如围绕"神是否存在"展开激烈的辩论。印度人非常喜欢这种对哲学和概念的讨论。至于政治和国际局势之类的现实话题，由于当时信息不够发达，所以很少有人讨论。当时别说互联网了，宿舍里就连电视机都没有。

即便如此，IIT 的学生还是有很强的荣誉感和自豪感。大家都认真地考虑"将来我应该如何为国家做出贡献"，就连以通过高级官员考试为目标的同学也是一样。但最近的学生，与"国家"相比更关心"自己"的事情。换句话说，更多人只考虑将来如何才能让自己赚到更多的钱。

有许多学生一毕业就进入欧美的投资银行工作，年收入高达 9 万美元以上。很多企业通过实习的方式将优秀的应届毕业生们先招募过来，等他们一毕业就用高薪留下。我读书的时候虽然也有这类实习，但基本都是在印度国内的政府机关中研修。我上大学的时候甚至连"高盛"这个名字都没听说过。毕竟对于物理学专业的学生们来说，投资银行完全是另一个世界的话题。

现在是"IIT 毕业生"在纽约和伦敦大受欢迎的时代，"为印度的发展做出贡献"这一 IIT 的建学理念，在金钱的魅力面前也不禁黯然失色。

正如 IIT 的学生一样，印度在过去的 30 年间也发生了巨大的变化。在第三章中，我将为大家介绍印度从 20世纪 90 年代以来所发生的巨大变化。

第三章

印度为什么会成为"IT 大国"

牛车与豪车并驾齐驱的孟买

20 世纪 80 年代的印度，有一半以上的人过着既没有电力也没有自来水的生活，文盲也随处可见。然而在进入 21 世纪后，印度却摇身一变成为"IT 大国"。曾经是世界上相当落后国家之一的印度，究竟是怎样成为最先进产业集散地的呢？本章我将结合自身的经历为大家进行详细说明。

1995 年，我从 IIT 坎普尔分校毕业。IIT 有四年的本科课程和包括硕士在内的五年课程两种授课模式，我选择的是五年的本硕连读课程。

毕业后我没有选择成为一名研究员，而是进入大型财团——戈德瑞吉集团旗下的企业就职，我负责的工作是和金融相关的系统开发。或许有人觉得这跟物理学没什么关系，但实际上系统开发要用到物理学和数学领域的知识。入职以后我就搬到了公司所在地孟买居住。

印度从 20 世纪 90 年代初就放弃了社会主义经济路

线，正式导入资本主义经济。这一转变使得印度民间企业的商业活动开始活跃起来，进入印度的外资企业也越来越多。不过 20 世纪 90 年代中期的孟买，仍然保留着之前慢节奏的氛围。

虽然从那个时候开始孟买就是印度经济最发达的城市，但在街头仍然经常能够看到牛的身影。因为那时候还有很多印度人用牛车来运送货物。销售蔬菜、肉类的摊贩和卖咖喱的推车也是随处可见，还有许多人聚集在这些摊贩的周围谈天说地。

我很喜欢这种真实、不加掩饰的孟买。同样是印度的大城市，首都新德里的氛围就和孟买完全不同。在新德里，很多人都非常注重自己的外表和举止。明明坐地铁可以更快地抵达目的地，但有的人就是为了面子而选择坐出租车。在孟买，人们根本不在意这些事情。

如果你在孟买找一个人问路，对方会一直把你带到你要去的地方。孟买人大多热情直爽，街头也充满了生机与活力。

我现在每年都会从日本前往孟买出差，而每次回到孟买，我都会震惊于当地的变化。

如今虽然仍然能够在孟买的街头看到牛车，但其数量已经大为减少，取而代之的是越来越多的豪车。牛车与豪车在街头并驾齐驱的景象，已经成为当今印度的一种象征。

此外，孟买的空气质量也越来越差。空气污染在中国被看作是非常严重的问题而严加治理，但孟买和新德里等印度的大城市好像并不在乎，所以即便天气晴朗，看向远处也是雾蒙蒙的。

走在孟买市中心的商业街上，单手拿着智能手机的商务人士的身影非常显眼。本来孟买人走路的速度就很快，最近这个速度好像又加快了。而我的公司所在的东京丸之内周围的工薪族们，步速却一直都没有什么变化。

由于现在的孟买集中了印度全国乃至世界各地的人们，所以和不认识的人搭话之前需要思考是应该说当地的马拉地语，还是说北部的印地语，或者说英语。这一切都必须在开口之前根据对方的样貌和着装尽快做出判断。

在孟买等大城市的拉动下，印度的经济从 20 世纪 90 年代开始实现了飞速的发展，人们的生活也发生了巨大的变化。对于像我这样在 20 世纪 80 年代一直生活在印度乡村的人看来，此刻就好像来到了别的国家一样。

印度"计划经济"的实情

1947 年印度独立之后，在经济上采取的是"自给自足"的原则。从食品到工业产品甚至导弹，全都以"国产"为目标，国家通过计划经济对商品的产量以及价格等所有细节进行把控。"自给自足"的原则是圣雄甘地提出的，虽然这是一个非常了不起的理想，却使国民不得不生活在贫困之中。

前文中已经提过，我上小学的时候家里既没有电力也没有自来水，但和周围的其他家庭相比，我家并不算是特别贫穷的。占印度国民中绝大多数的农民们，都过着更加贫困的生活。关于计划经济下平民的生活，我简单地为大家介绍一下我的故乡巴尔梅尔的情况吧。

"计划经济"时代，当地家庭所使用的生活用品基本都是从国营商店里购买的。在国营商店里，食品、洗剂、布料等生活必需品应有尽有。国营商店就相当于日本的"超市"，但规模要小得多。

全国各地都有国营商店，运营则由当地特定的人来负责。对日本来说，大概就相当于国营化之前的邮局。与日本邮局不同的是，印度的国营商店几乎什么东西都卖，而且每周差不多有一半的时间是休息的。但国营商店的休息日并不固定，有时候会突然连续关门好几天。

在国营商店购物，必须出示一个被称为"识别卡"的小册子。这个卡每个家庭可以领取一份，它同时还有识别身份的功能，在选举投票和学校入学时都需要出示。

识别卡上写有每户家庭所能购买的生活必需品的数量，购买量不能超出规定的数值。只不过就算国营商店开门营业，也经常出现商品断货的情况。准确地说，是几乎一直处于断货的状态。除了国营商店以外，在居民区的附近也有小规模的民营商店，但民营商店的商品就比较少。

更可怕的是，断货的商品不知道什么时候才能有货。如果急用的话，就只能去黑市用高出市价几倍的价格购买。在黑市上能买到国营商店里的所有商品，据说是与国营商店有关联的政府官员将商品偷偷地卖到了黑市以获取利益。

即便如此，像我们家这样拥有识别卡的家庭还算是幸运的。我家附近的农民们有很多连识别卡都没有，他们几乎都过着"自给自足"的生活。

印度当时的甘蔗产量世界第一，但平民几乎买不到用甘蔗生产的砂糖。

甘蔗等主要农作物都由政府统一从农民手中收购。政府收购的价格是固定的，所以没有任何竞争。本来农作物的产量能够满足所有印度国民的需求，但由于贪腐官员倒卖商品，导致很多物品都到不了真正需要它的平民手上。这种充满不合理的状况就是印度"计划经济"的真实情况。

虽然国营商店现在仍然存在，但几乎没人去国营商店购物了。即便像巴尔梅尔这样的乡村地区，民营商店的数量也越来越多。现在民营商店的商品不管是数量上还是种类上都比国营商店多，价格也更便宜。多亏了经济自由化，印度的平民终于从国家掌控一切的低效率且不合理的社会中解脱了出来。

不过印度并不像日本那样到处都有便利店。虽然在一部分大城市中也有便利店，但在乡村地区就基本看不到了。民营商店也没有连锁化经营，绝大多数都是家族式的小规模店铺。

经济自由化与基础教育的普及

以国营商店为代表的社会主义经济在进入 20 世纪 90 年代之后得到了调整，其契机是从 20 世纪 80 年代开始印度政府制定的国家战略。

印度在独立之后选择了不从属于东西任何一方的不结盟立场，但 1971 年签订的《印苏和平友好合作条约》，使印度与苏联之间的关系变得亲密起来。印度虽然是和美国与日本一样的民主国家，但在外交层面上与苏联关系更密切，经济系统也采用了苏联的社会主义经济制度。

拉吉夫·甘地上台之后，一改之前的政治方针，选择了亲美的路线。20 世纪 80 年代末，先是柏林墙倒塌、紧接着苏联解体。当冷战宣告结束之后，印度立即展开了经济自由化的政策。

20 世纪 80 年代之前的印度经济是和外国交流很少的自我循环型。虽然也有进入印度的外资企业，但其数量和活动范围都十分有限。随着印度政府的政策转变，许多外资企业都纷纷涌入印度市场。在冷战结束之前就开始与以美国为首的西方国家建立关系的拉吉夫·甘地为此做出了巨大的贡献。

进入 20 世纪 90 年代之后，微软、IBM 等美国的大型企业都在印度开设分公司，因为他们注意到印度人的英语能力十分出众，都希望能够第一时间获得印度的技术人才。当时正值美国出现"IT 革命"，在 IT 这一新兴产业飞速发展的过程中，印度的廉价劳动力成本对欧美企业来说具有非常大的诱惑力，许多美国企业都利用这一优势在印度设立大规模的客服中心。

而对印度经济飞速发展起到关键支撑作用的，正是从 20 世纪 80 年代开始普及的基础教育。在基础教育的普及上倾注力量的，正是拉吉夫·甘地的母亲，一直到 1984 年遭到暗杀为止都担任印度总理的英迪拉·甘地。她在全印度修建小学，并推出了免费供餐等促学政策。

随着基础教育的普及，印度升入高中和大学的学生数量也在逐年增加。这些接受过高等教育的人才在 20 世纪 90 年代之后的经济自由化过程中发挥了重要的作用。如果没有 20 世纪 80 年代基础教育的普及，或许就没有后来的"IT 大国"印度。

在经济自由化的影响下，印度国民的生活也发生了翻天覆地的变化，其中最大的变化就是信息开始在国民之间传递。

不像日本，印度连报纸都没有得到普及，许多普通家庭直到 20 世纪 80 年代都没有电视。印度国民别说了解世界了，就连印度国内发生了什么都不知道。但在进入 20 世纪 90 年代以后，先是电视得到了普及。虽然频道很少、播放时间也很短，但平民终于可以知道自己居住的城镇之外都发生了什么。

在电视普及之后，固定电话也逐渐在平民中推广开来。20 世纪 90 年代前半段，我在 IIT 读书的时候，有电话的家庭还非常少。我家也没有电话，所以我只能和母亲事先约好时间，然后我用宿舍里唯一的电话打给我家附近一个县厅职员家，这样才能和我的母亲取得联系。即便在那个电话很稀缺的年代，政府官员的家里还是有电话的。

在我大学快要毕业的时候，我家里终于也安装了一部电话，这可以算是经济自由化的副产物吧。

解决"千年虫问题"

在印度采取经济自由化政策后，印度发展最快的就是 IT 相关产业。那么，印度究竟是如何与"IT"联系到一起的呢？

印度开始实行经济自由化的 20 世纪 90 年代初期，正是"IT 革命"席卷美国的时候。IT 革命很快就传播到了亚洲，中国大陆以及台湾地区成为计算机零件等硬件的生产基地，而印度则成为计算机软件开发以及提供相关服务的根据地。

美国的 IT 企业之所以关注印度，是因为印度拥有英语和数学方面的优势，印度的理工科大学生都十分擅长这两门学科。但在经济自由化初期，印度的雇佣环境仍然非常恶劣，许多大学毕业生找不到工作。这时，以 IT 企业为首的外资企业就成为这些大学毕业生就业的最佳去处。

除此之外，20 世纪 90 年代后半段开始出现的"千年虫问题"也造成了很大的影响。千年虫问题又被称为"Y2K 问题"，指的是进入 21 世纪的瞬间，全世界的计算机都可能因为时间的转变而瘫痪。比如航空管制失效、医疗设备停止等，全世界都将因此陷入恐慌。而解决"千年虫问题"，则是使印度发展为IT大国的一个契机。

为了预防"千年虫问题"，欧美的计算机生产企业都不得不研究对策。事实上，要解决"千年虫问题"并不需要非常高的技术水平，却需要用到大量的人力。在这种背景下，印度的年轻人才就派上了用场。

印度的理工科人才都拥有计算机相关的基础知识，而且人工成本非常低廉，对于欧美企业来说，印度是一个最好的外包对象。

流通"物品"的中国和流通"信息"的印度

印度IT产业发展迅猛还有一个原因，那就是IT产业非常符合印度这个国家以及印度人的性质。我们不妨将中国与印度做一下对比，这两个国家都拥有大量的人口，而且都差不多在同一时期实现了经济的飞速发展。

中国是流通"物品"的国家。为了使物品流通起来，必须拥有完善的公路、铁路等物流系统。中国在国家的主导下进行了大规模的基础设施建设，并实现了经济的飞速发展。

而印度要想让物品流通起来则非常困难。印度的基础设施建设比中国缓慢很多，因为印度政府拥有的权力有限，即便想要进行大规模的公共建设，也经常因为土地所有权等问题而无法动工。

受基础设施建设进度缓慢的影响，印度作为生产基地没有什么吸引力。虽然近年来印度劳动力的素质得到了提升，但工厂的生产效率仍然很低。再加上印度人的个人主义以及组织系统功能不完善，通常只有导入日本组织系统的日资企业敢在印度设立工厂。

由于印度无法成为制造业的生产基地，那么唯一的出路就是发展"IT产业"。

IT产业的软件开发等工作，不像制造业那样需要大规模的基础设施。只要拥有优秀的人才，就可以发展IT产业。而在人才方面，印度拥有许多接受过高等教育的年轻技术人员。

从使用者的角度来说，IT与印度人也非常契合。互联网上普遍使用英语，擅长英语的印度人使用互联网基本没有什么难度，对于手机也是一样。印度的国土辽阔，但道路交通建设不够完善。所以在印度，手机就成了非常重要的生活基础设备。

如今，印度在流通"物品"方面仍然非常困难，但印度能够很好地流通"信息"。只要让信息流通起来，自然就可以从中创造出"价值"。印度可以凭借自身的英语优势，从海外获取信息并且开展连接全世界的商业活动。比如利用印度与美国的时差建立起来的客服中心等就是最典型的例子。

顺带一提，现在印度的手机使用数量已经和印度全部人口的数量相当，即便在非常贫穷的乡村地区，手机也已经得到了普及。印度的手机话费十分便宜，这也是促进印度手机普及的主要原因之一，贫困阶级的人们即便不买自行车也一定要先买一部手机。

IT 产业赋予印度人的自豪感

IT 产业给印度带来的不只是更多的工作机会和更便利的生活，更重要的是，IT 产业使印度人产生了"自豪感"。一直以来，印度都是一个非常贫穷的国家。提起印度，外国人首先想到的就是"大象"和"蛇"。换句话说，印度一直没有得到世界的尊重。但托 IT 的福，印度作为"最先进产业的根据地"而得到了全世界的关注。

IT 作为一个全新的产业，也是被印度迅速接受的主要原因。在经济自由化之后，传统行业仍然残留着各种各样的限制。尤其在制造业等传统的行业中，印度政府仍然拥有强大的权力，财团与印度政府勾结的情况仍然普遍存在，但 IT 产业与这样的"旧印度"没有任何的关系。

印度大型 IT 企业"HCL 科技公司"的创始人之一阿琼·马霍特拉（Arjun Malhotra）曾经讲过这样一个有趣的故事。在 1976 年 HCL 刚成立的时候，他打算从国外进口计算机零件。当时印度对任何事情都有非常严格的限制，从国外进口商品需要缴纳高额的关税。而计算机因为是刚出现的新产品，所以印度完全没有进口的先例。当时马霍特拉只有两种选择，要么放弃进口，要么重金贿赂海关官员。

马霍特拉绞尽脑汁，最后决定将计算机零件当成"打字机"零件报关。幸运的是，海关的负责人对计算机一窍不通，于是马霍特拉成功地将计算机零件进口到了印度。1978 年，HCL 自主生产的个人电脑上市，这和史蒂夫·乔布斯（Steve Jobs）的苹果公司开始制造个人电脑几乎是同一时期。

从这个故事中不难看出，印度政府完全没有对 IT 产业进行管制的知识和经验。所以，IT 产业中也没有产生常见的权钱交易。在印度漫长的历史之中，这是第一次诞生出没有与权力勾结在一起的产业。

被 IT 改变的"贪污天堂"

印度是世界著名的"贪污天堂"。2014 年 2 月，在由俄罗斯索契举办的冬奥会中，印度被国际奥委会（International Olympic Committee，IOC）取消了参赛资格，因此印度的选手只能以个人身份参加比赛。

印度之所以被 IOC 取消索契冬奥会的参赛资格，是因为在 2010 年新德里举办的"英联邦运动会"上出现了贪污腐败的问题。当时的执政党印度国民大会党的政治家在体育场馆建设中收受了巨额的贿赂。

贪污腐败不仅限于政治家和官员等精英阶级，甚至蔓延到了印度社会的每一个角落，成为印度人生活的一部分。

比如以前在印度，就连坐火车都需要"贿赂"。对于印度人来说，长途火车是一种非常重要的交通工具，但买车票是一件非常困难的事情。印度那时没有日本那样的自动售票机，售票窗口也少得可怜，车站里更是常年人满为患。就算好不容易挤到售票窗口前，也别想直接买到车票，因为售票员总是会冷冷地丢出一句"卖完了"。

在这个时候，乘客就需要与售票员进行交涉，"卖完了"其实就是要求对方行贿的一个暗号。经过交涉之后，乘客不得不用比原票价高出几倍的价钱来购买车票，而售票员一般会根据乘客的情况来给出价格。

即便乘客向售票员的上司投诉也无济于事，报警也一样没用。因为在印度，行贿受贿几乎是一种理所当然的事情。

但 IT 的出现极大地改变了印度社会的这一认知。如今乘客可以通过互联网购买火车票，再也不用去火车站贿赂售票员了。

比火车站状况更恶劣的是机场。印度很早以前就有不少人出国打工，这些出国打工的人在回到印度的时候，肯定会携带非常多的行李，里面往往都是给家人带的电子产品等礼物。

在入境的时候，旅客和海关员工就会围绕这些东西的关税问题进行交涉。由于每个旅客的交涉时间都很长，所以在海关前总是排着长长的队伍。最终，旅客都会给海关员工一笔钱来免除关税，因为贿赂海关员工比缴纳正规关税要便宜一些。

税务局的员工们对这种能够得到"灰色收入"的工作趋之若鹜，甚至有员工还会贿赂上司，希望上司把自己调到机场去工作。听起来好像在开玩笑，但实际上这种事情在印度很常见。不过随着 IT 产业的发展，机场里的这种情况也发生了改变。

进入 20 世纪 90 年代之后，从美国短期回国的印度人数量急剧增加，这些都是在美国留学之后留在当地 IT 企业工作的印度人。他们习惯了美国的生活方式，不会轻易地贿赂他人。而且他们在经济上也比较富裕，并不在意缴纳正规的关税。

我在 20 世纪 90 年代后半段从日本回印度探亲的时候，也被印度的海关员工要求行贿。当时我给侄女带了电子音乐合成器作为礼物，结果就因为这个东西，我被带到了机场角落的一个小房间里。海关员工并没有直接让我行贿，而是对我表示"这东西的关税相当高"。但当时我涉世不深，完全没听懂海关员工的暗示，对方也不好明说，结果我就按照规定的金额支付了关税。

最近，从美国和日本回来的旅客已经很少看见排队等待过海关的情况，因为海关员工们知道从美国和日本回来的人不会行贿，所以都让他们直接缴纳关税通关。而从中东和阿拉伯国家回来的出国务工人员，则还是会在海关处排起长长的队列。

虽然 IT 给印度"贪污腐败"的问题带来了革命性的变化，但这是仅限于"新印度"的情况，"旧印度"的贪污腐败问题则一如既往。

领导"旧印度"的财团

IT 产业是"新印度"的象征。在"新印度"，贪污腐败、官商勾结以及种姓制度等印度的旧弊已经失去了生存的土壤，所有人都可以凭借自身的实力自由地进行竞争。但在 IT 和高科技等新兴产业之外，仍然是"旧印度"的地盘，而在旧印度之中拥有强大力量的则是财团。

印度的财团从英国殖民统治时期就已经存在。印度独立之后采取计划经济的政策，财团的势力又得到了进一步的提升。印度财团与政府相互勾结，共同瓜分既得利益。

在经济自由化之前，印度政府拥有很大的权力。企业想要开展商业活动，首先就需要得到政府的允许。一旦得到许可，不管产品和服务的质量如何，企业都能够赚得盆满钵满。因为在计划经济的体制下，根本不存在企业之间的竞争。唯一的竞争就是如何抢在其他企业之前从政府手中拿到"许可"。

由于企业要和政治家以及官员保持良好的关系，自然就会滋生出官商勾结的情况。像制造业和基础设施建设等规模庞大的产业，只有与印度政府关系紧密的大型财团才有机会进入。

这种情况在经济自由化之后也没有发生改变，财团的统治力甚至变得更强了。印度最大的财团"塔塔集团"就是如此。

塔塔家族是从伊朗移民到印度的琐罗亚斯德教徒。19 世纪后半段以棉花贸易起家，20 世纪初期成立了现在集团的核心企业"塔塔钢铁公司"，1945 年又成立了汽车公司"塔塔汽车公司"，之后不断地扩大自己的商业规模。最近，塔塔集团还进军了 IT 领域，成立了"塔塔咨询服务公司"。塔塔集团旗下的企业有 100 余家，拥有员工 45 万人，每年的销售额超过 1000 亿美元。

虽然经济自由化促进了企业之间的竞争，但来自印度政府的限制仍然非常多。因此与印度政府之间保持着密切关系的塔塔集团就拥有更大的优势。再加上塔塔集团拥有雄厚的资本实力，一旦印度政府对某个行业放松了限制，财团就能够凭借自身的资本实力第一时间抢占市场。

印度的财团基本都是家族式经营。虽然规模庞大，但与发达国家的大企业不同，在经营模式上相对落后。近年来虽然印度财团旗下的企业也有在海外上市的例子，但绝大多数的股票都掌握在这些大家族的手里。在财团系的企业之中，经营层在会议上进行讨论，中层管理者向高层提出经营建议的情况少之又少，一直以来都保持着"上传下达"的经营方式。

决策全凭经营者的一句话

印度财团的企业在开展多元化商业活动时，往往仅凭经营者的一句话就会做出决定。而经营者也不会从专业的角度进行判断，只要直觉上认为"能赚钱"就会立刻启动项目。从这一点上来说，印度企业的经营文化完全超出了日本等发达国家的商业常识。

印度的 A 财团曾经找到我商谈和日本企业进行合作的事宜。A 财团是一家通过烟草行业取得成功的老牌集团，在印度全国拥有销售网络，资本实力也非常雄厚。

A 财团最近利用和印度政府之间的关系取得了在印度国内修建水力发电站的权利，但 A 财团对电力产业毫无经验，所以希望与日本企业展开技术合作，就委托我担任中间人。

我联系了许多日本的大型企业，但对方的第一句话都是"为什么烟草公司要修建水电站"。在日本人看来，这是完全不合常理的。当我把情况解释一遍之后，对方就会提出"总之，先让双方的项目负责人接触一下吧"这种要求。

这就让我很为难了，因为在 A 财团之中并没有所谓的"项目负责人"，甚至连能够和日本企业进行交涉的专业人才都没有。

后来，A 财团的经营者决定亲自来日本进行交涉。

但当我把他介绍给日方企业时，日方的项目负责人脸上一副"这个人究竟什么来头"的表情。因为在是否决定合作尚且是未知之数的状态下，企业的经营者就直接前来交涉的情况对日本的企业来说是绝对不可能的。

最终，A财团决定放弃与日本企业进行合作。因为该项目迟迟难以取得进展，使得A财团的经营者失去了耐心。

在印度，只要双方企业的经营者达成一致就可以展开合作。印度财团这种"上传下达"的经营方式在日本人看来或许有些过时，但这种方式能够发挥出非常强大的力量也是一个不争的事实。

印度最著名的日本企业——"铃木"成功的秘诀

日本企业也有在印度大获成功的例子，最有代表性的当属汽车企业"铃木"。

在经济自由化之前，几乎没有外资企业能够在印度市场取得成功，因为印度的经济都被掌控在印度财团的手中，贪污腐败问题也比现在严重得多。有时候，印度的法律还会突然变得对外资企业十分不利，就连 IBM 和可口可乐这样的美国大型企业都在 20 世纪 70 年代后半段暂时撤出了印度。在这样的背景下，铃木却意外地取得了成功。

铃木于 1981 年进入印度市场。当时印度国内虽然也有汽车产业，但印度的国产汽车从性能到外观都比日本和欧美的汽车差很多。不仅如此，印度国产汽车的产能非常低，在顾客订购之后甚至需要三到四年才能交货。

于是，印度政府决定与海外的汽车企业展开合作，以生产小型的民用汽车。印度政府看中了在小型汽车领域处于世界领先地位的日本，与许多家日本汽车企业进行了洽谈，但几乎没有日本企业对印度政府的这些提议感兴趣。当时，日本的汽车企业全都将注意力集中在美国这个全世界最大的汽车市场上，印度在当时只是一个既贫穷又落后的国家，汽车市场毫无魅力可言，此时只有铃木答应了印度政府的要求。

铃木与印度政府合作成立了印度子公司马鲁蒂铃木公司（现在名为"Maruti Suzuki"，当时的名称是"Maruti Udyog"）的公司。印度方面主导合作项目的是英迪拉·甘地总理的次子桑贾伊·甘地（Sanjay Gandhi）。桑贾伊本身是印度议会议员，同时也是英迪拉·甘地遇刺后继任总理的拉吉夫·甘地的弟弟。

虽然有桑贾伊·甘地这样的大人物为合作项目保驾护航，但进军印度市场对铃木来说仍然是一场豪赌。一旦失败，铃木将蒙受巨大的损失。就连美国的大型企业都在印度马失前蹄，为什么铃木能够取得成功呢？

我认为最主要的原因在于铃木的经营者铃木修拥有非常大的权力。"上传下达"作为印度最基本的经营方式，如果在决策上浪费太多的时间，就无法在印度开展商业活动。而铃木修作为铃木的经营者，能够在听取报告后立即做出决策，这也使得桑贾伊·甘地对铃木修十分信任。

另一个原因在于铃木与印度政府之间建立起了良好的关系。在马鲁蒂铃木公司正式成立的前一年，桑贾伊·甘地在自己驾驶飞机时因空难丧生。也就是说，铃木在合作项目刚刚步入正轨的时候就失去了桑贾伊这个强大的后盾。即便如此，铃木仍然很好地维持着与印度政府之间的关系，这对于外资企业来说并不是一件容易的事情。

印度政府对铃木真诚的态度给予了很高的评价，而铃木在进入印度市场之后，也不遗余力地在当地培养人才，将许多印度技术人员送往日本总部进行培训。除了铃木拥有的强大技术能力之外，这种脚踏实地的努力也是其能得到印度政府认可的关键。

现在，马鲁蒂铃木公司作为印度最大的汽车企业，在印度的市场占有率超过40%。汽车的生产数量接近每年120万辆，拥有员工1万名以上。如今，马鲁蒂铃木公司已经成为印度家喻户晓的汽车品牌，铃木也堪称印度最著名的日本企业。

2006年，印度政府从马鲁蒂铃木公司的经营中撤出，使这家企业完全成为民营企业。铃木的出资比例也从成立之初的26%不断增加，现在已经接近60%。对于铃木来说，印度已经成为与日本同样重要的市场，印度与铃木之间可以说是建立起了双赢的合作关系。

我与铃木修也见过好几面。大约在2010年，铃木修到访印度，我曾经作为导游带他游览了一天菩提树园。他在当地很受欢迎，许多人在认出他是铃木的经营者之后都纷纷走上前请求合影。他还仔细地向我询问了周边基础设施的配套情况。尽管他当时已经 80 岁高龄，但仍然精力充沛，给我留下了非常深刻的印象。

"公文"与"CoCo 壹番屋"的可能性

既然提到了铃木，关于日本企业我就再多说两句。

对于日本企业来说，印度是一个很有潜力的市场。尤其是近年来印度迅速增加的中产阶级群体，绝对是对日本企业很有吸引力的目标。

有许多企业都通过将中产阶级作为目标顾客而取得了成功。比如以"公文式学习法"而被众人所熟知的"日本公文教育研究会"（简称"公文"）就是其中之一。

公文于 2004 年在新德里开设了第一家授课教室，如今其教室数量已经增加到了 40 家以上。虽然每个月的学费只有 46 美元，但这对印度人来说并不便宜。即便如此，前来补习的人仍然很多，因此公文在 2016 年年末将教室的数量增加到了 90 个。由此可见，擅长数学的印度人很中意日本式的数学学习法。

身为印度人的我对此一点也不惊讶。正如第二章中提到的那样，印度的教育没有统一的课程规划，就连每个教师教授的内容也各不相同。在这样的背景下，拥有严谨课程规划的日本式教育方法当然会受到关注。我认为日本式的"体制"就是日本企业进军印度市场的关键。

大型咖喱连锁店"CoCo 壹番屋"也于 2019 年进军印度市场，日本的咖喱终于来到咖喱的发源地印度了。

我非常喜欢包括"CoCo 壹番屋"在内的日本咖喱，经常会在工作结束后去品尝一番。与印度的咖喱店相比，日本咖喱店的配餐更加丰富，而咖喱的种类却并不多。但不管我去哪一家店，都能品尝到同样的味道，这就是日本拥有完善的连锁店体制的证明。

不仅是"CoCo 壹番屋"，日本的咖喱连锁店都能够保证所有店铺的口味统一。而且日本的咖喱店使用的都是健康的食材，店内的用餐环境和餐具也都非常整洁、干净。这使我切实地感受到，诞生于印度的咖喱在日本得到了改良和升级。

听说最近在法国，由日本厨师制作的法餐很受欢迎。正如咖喱在日本得到了改良一样，这一定也是法餐在日本得到改良的结果。

我与"CoCo 壹番屋"的社长浜岛俊哉见面时，曾经询问他："为什么要进军咖喱的发源地印度呢？"

浜岛社长这样答道："丰田进军美国时也被问到了同样的问题。"

"CoCo 壹番屋"在印度取得成功的可能性很高。印度虽然有很多咖喱店，但像日本那样采取连锁化经营的店铺非常少。而且日本的咖喱在口味上毫无疑问比印度的咖喱更好。就算在印度将咖喱卖到和日本一样的价格，城市地区的中产阶级也会毫不犹豫地前来品尝。毕竟"CoCo 壹番屋"在泰国就是通过营造"高档餐饮"的店铺形象取得了巨大的成功。

不仅教育业和餐饮业，印度的许多企业都没有实现系统化和连锁化，这是因为印度人不够遵守规定的习惯。所以每当人员和场所发生变化时，所有的事情也都会随之改变。从这个意义上来说，在体制和规则上拥有优势的日本企业，一定能够在印度发现巨大的商机。

如今仍然有 1/10 的印度人过着没有电的生活

前面有点跑题了，关于印度如何成为"IT 大国"，我来最后做一下总结。

一直到 20 世纪 70 年代末，庞大的人口数量对印度来说都只是沉重的负担。除了农业之外，印度再也没有其他拿得出手的产业，就算想要开展新兴产业也没有相应的人才，因此当时的印度几乎没有中产阶级。没有中产阶级，就意味着印度的市场就没有吸引力。改变印度这一窘境的，是从 20 世纪 80 年代开始的基础教育普及。

随着基础教育的普及，印度高素质的年轻劳动力数量迅速增加。如果没有他们，即便印度实行了经济自由化，恐怕也无法实现如此迅猛的发展。印度之所以能够成为"IT 大国"并受到全世界的关注，最根本原因就在于基础教育的普及。

以 IT 为首的新兴产业诞生之后，印度中产阶级的数量也随之增加。国民生产力提高的同时，购买力也得到了飞跃性的提升。于是，印度市场也展现出了独特的魅力，越来越多的外资企业开始进入印度，这就形成了经济的良性循环。

与此同时，印度政府也终于开始进行对于发展经济活动来说必不可少的基础设施建设。在计划经济时期的印度，根本想不到高速公路收费的主意。因为他们觉得，公路是国家修建的，理所当然应该让国民免费使用。

但随着经济的发展，人们对收费高速公路的需求越来越高。于是，印度政府决定修建更多的高速公路，而修建高速公路又给当地创造了大量的工作机会，进一步促进了印度经济的发展。

当印度的经济飞速发展起来之后，前往美国留学的人才也开始选择回到印度发展。他们在美国亲身体验了印度没有的资本主义自由经济，在回国之后不是进入外资企业担任高层干部，就是自己创业成立公司，发挥着将印度与世界连接起来的纽带作用。

就这样，印度在"IT"这个引爆剂的作用下实现了经济的飞速成长。当然印度与日本这样的发达国家相比还是一个很落后的国家，在基础设施建设方面也与发达国家相去甚远。从整体上来说，如今印度仍然有十分之一的人过着没有电的生活。

在产业方面，虽然印度在 IT 和部分高科技领域已经达到了世界先进水平，但制造业的生产效率仍然很低。印度要想实现更进一步的发展，基础设施建设和制造业的现代化可以说是印度政府必须要面对的问题。

第四章

推动印度前进的人们

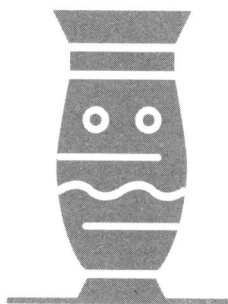

印度首富穆克什·安巴尼

"贫富差距"过大在日本已经成为一个社会问题，但日本的贫富差距完全无法和印度相比。印度有 4 亿人处于贫困之中，同时还拥有在全世界都数一数二的大富翁。

印度的贫富差距一直很大，20 世纪 90 年代经济自由化之后，这个差距又进一步拉大了。很多印度人并没有享受到经济发展带来的好处，但顺利地赶上了时代潮流的一部分人获得了巨额的财富。甚至有人白手起家成立起全新的财团，最有代表性的莫过于"印度的钢铁大王"拉克希米·米塔尔（Lakshmi Mittal）。

米塔尔出生于拉贾斯坦邦的一个小乡村。1976 年，不到 30 岁的米塔尔成立了"米塔尔钢铁公司"（现在的安赛乐米塔尔集团）。这家公司在全世界收购竞争对手的公司，终于成为世界顶级的钢铁企业。

米塔尔现在担任安赛乐米塔尔集团董事长兼 CEO，

他的家族拥有整个集团接近五成的股权。2011 年，米塔尔在福布斯富豪榜上排在第 6 名。现在由于其公司股票价格的下跌，米塔尔的排名下降到了第 91 名，但他仍然拥有超过 136 亿美元的资产。

而后来居上超越米塔尔，现在成为印度首富的是信实集团的总裁穆克什·安巴尼（Mukesh Ambani），他的资产总额高达 826 亿美元。

信实集团是穆克什的父亲德鲁拜·安巴尼（Dhirubhai Ambani）成立的财团，这家财团的发展史相对较短。德鲁拜是印度非常著名的经营者，他的经历甚至被拍成电影搬上了大银幕。德鲁拜年轻时前往也门打工，后来回到印度做一些贩卖服装和香料的生意，当时他骑着自行车运送货物的故事在印度家喻户晓。20 世纪 60 年代，德鲁拜成立石油化工企业"信实工业"，后来又参与到电力、通信等基础设施的建设中来。

德鲁拜在 20 世纪 80 年代后期因为身体原因而将企业交由他的两个儿子——穆克什与阿尼尔打理，兄弟二人将父亲成立的财团进一步发展壮大，如今信实集团已经成为与塔塔集团和比尔拉财团齐名的印度三大财团之一。

安巴尼家族不仅拥有巨额的财富，其高调奢华的行为也时常引起世人的关注。安巴尼家族拥有在印度国内大受欢迎的职业板球队，还在孟买拥有一幢高 170 米，共 27 层的豪华住宅。这座现代化造型的建筑已经成为孟买的一处地标。

有钱就要让别人知道

日本也有许多通过商业活动获取了巨额财富的人，但他们从来不会炫耀自己的财富。而印度人则完全不同，对他们来说，"炫富"是一件非常重要的事。

印度社会长期以来一直处于一种不透明的状态之中。因为贪污腐败和行贿受贿等问题，每个人都不愿意透露自己的财富，而且这种不透明的状态也非常有利于官商勾结。但随着印度经济体制的改变，现在的印度人反而更需要向别人证明自己的经济实力。因为只有这样做，才能得到其他人的信赖。

现在的印度社会，充斥着一种"只要抓住机会，任何人都能成为大富翁"的心态。德鲁拜·安巴尼和拉克希米·米塔尔这些白手起家取得成功的先例，给印度的年轻人带来极大的鼓舞。

在印度要想抓住机会，与"做什么"相比，更重要的是"与谁交往"。印度的创业者并不打算仅凭自己的力量来开始创业，而是希望能够与已经取得成功的人联手创业。为了说服成功人士与自己联手，创业者必须善于推销自己。比如要和一个拥有 100 分实力的人联手，那么即便自己只有 10 分的实力，也要假装自己拥有 120 分的实力。一旦成功地说服对方与自己合作，那么自己就可以用 10 分的实力来开展 100 分难度的商业活动。

日本人或许很难理解这种想法，甚至觉得这是一种欺骗。但在印度，最重要的就是"个人"的实力。为了让"个人"得到认可，有时候必须要采取一些不太光彩的手段。

印度富翁的三种类型

在曾经的印度，只有拥有权力的人才能成为富裕阶级。因为如果得不到贿赂的"不义之财"，就无法成为有钱人。

但在印度经济自由化之后，就算不贪污腐败也可以获得巨额的财富。很多人通过在 IT 等新兴行业创业并成功上市而跻身富裕阶级，在印度漫长的历史之中还是第一次出现这样的情况。

近年来不断涌现出来的印度富翁，大致上可以分为三种类型。

第一种是通过创业取得成功的人，比如在第一章中介绍过的硅谷的"印度教父"坎瓦尔·雷吉就是其中的代表。这些人获得的财富，都是通过自己的实力打拼得来的"干净的钱"。

第二种是通过将产业扩大，进而赚取巨额财富的人，包括穆克什·安巴尼的财团二代就是其中的代表。

第三种是因为不动产价格的飞速上涨而获得巨额财富的"不动产暴发户"，印度因为经济的飞速发展，也催生出了不动产的泡沫。

"财团二代"和"不动产暴发户"赚到的钱并不完全是"干净的钱"，因为官商勾结和行贿受贿在他们生活的"旧印度"之中仍然普遍存在。

另一方面，出生于财团家族的二代经营者，也有几个共同的特点。首先，他们从小就在私立学校接受英语教育，大学也多前往欧美留学。这些人的年龄大多在 40 岁到 50 岁之间，刚好是经历过印度经济发展的一代人。而且他们都充分地利用父辈与政治家和官员之间建立起来的人脉关系，成功使家族产业得到了进一步的发展。

特权阶级的"私人俱乐部"

这些二代经营者们往往能够先人一步得到政策变化等有利信息，这或许与他们对政府部门的贿赂有关。一旦他们得到了有利的信息，就会利用自己雄厚的资金实力展开商业活动，并从中赚取巨额的利润。由于他们大多在欧美留过学，所以对进军海外市场的态度也十分积极。

还有不少财团二代充分利用自己的财力，使自己在政治上也拥有强大的影响力。有一次我和一个在政府部门担任官员的朋友一起吃饭，同席还有一位财团的经营者。

若非亲眼所见，我几乎完全无法想象现任高级官员的这位朋友竟然对财团经营者如此毕恭毕敬。从朋友的一举一动之中都透露出对财团经营者的忌惮。作为被国民选举出来的政治家，在公共场合肯定不会做出这样的表现，但在私人的饭局上，财团的力量就会充分地显示出来。

曾经，日本众人之党党首渡边喜美因为向其支持者借了数亿日元而遭到谴责，但这种事情在印度根本不算是什么问题，毕竟印度政府的高官收取上亿日元的贿赂都易如反掌，更别说借款了。

在印度，人脉与信息都和金钱直接挂钩。与什么样的人交往、能够得到什么信息，都会对商业活动造成巨大的影响，至少在"旧印度"的世界是这样。财团二代在这样的环境中可以说是如鱼得水。

以财团二代为代表的印度特权阶级，建立起了一个只有他们自己在内的交际圈，特权阶级相互之间交换信息、分享利益。在新德里和孟买这样的大城市中，都有这样用来交换信息的"私人俱乐部"。

我曾经在一位朋友的介绍下，进入了位于新德里的一家私人俱乐部。我的这位朋友和我年纪相仿，是继承了父亲家业的富二代。虽然以他的企业规模还称不上"财团"，但他拥有的资产也高达9000多万美元。

这个俱乐部位于新德里高级住宅区的一角，门口没有任何招牌，在外面看也只是个普通的豪宅。俱乐部的经营者会亲自到门口迎接我们，经营者和顾客们的关系很亲密，顾客之间也都认识。这个俱乐部的顾客包括企业经营者、政治家、官员以及媒体从业者。

我去的这家俱乐部人均消费其实不过人均300美元，但并不是有钱就进得去。用日本的情况来说，就相当于需要有人介绍才能去的高级餐厅。

在私人俱乐部中，顾客之间会交流一些只在小圈子里流通的信息。当然，这里也是滋生腐败的温床。

即便同为富裕阶级，"不动产暴发户"的生活与聚集在私人俱乐部里的财团二代也有所不同。他们肆意挥霍着手中的钞票，过着奢靡的生活。

在印度大城市中的欧美奢侈品店里，挤满了"不动产暴发户"，甚至有人将店里的所有商品一口气买光，还有人因为一次性购买了250辆奔驰轿车引发了热议。这些一夜暴富的人花钱的方式实在是让人难以理解。

当然，不管多么庸俗的顾客，只要肯消费就是上帝。从某种意义上来说，房地产暴发户也是印度经济活力的一种象征。不过，他们没有像财团二代那样的人脉和信息来源，所以没有通过开展商业活动持续赚取利润的能力，有许多人在很短的时间内就将出售土地得到的财富挥霍一空。

在金融行业中大放异彩的女性

提起印度，或许大家都觉得印度的性别歧视非常严重。确实，印度现在仍然对女性有着非常严重的歧视。尤其在乡村地区，得不到教育机会的女孩子几乎随处可见，甚至有些地区在女婴出生之后就会将其抛弃。不过，这些都是只存在于"旧印度"的情况。

在中产阶级所属的"新印度"，女性的社会地位已经越来越高。对于中产阶级的女性来说，出门工作是理所当然的事情，男女平等的观念也已经贯彻到职场之中。

如果从女性在职场中的比例来看，印度比日本还要高一些，甚至可以说是职场女性占比最高的国家之一。印度的特征之一就是在任何事情上都存在着巨大的差距，以女性待遇为例，"新印度"和"旧印度"可以说分别处于两个极端。

印度近年来还出现了许多女性创业者，其中最有代表性的当属成立了印度最大型高科技企业百康公司的基兰·玛兹穆德－肖（Kiran Mazumdar-Shaw）。她曾经被美国《时代》杂志评选为"全世界最具影响力的100人"之一，她还在2009年获得了日本经济新闻为在亚洲表现卓越的人才颁发的"日经亚洲奖"。

出生于1953年的肖和财团二代的年纪相仿，但她是凭借自己的力量建立起了自己的商业帝国。肖的总资产超过1亿美元，她通过自己创建的财团为印度的贫困地区修建了许多诊所，竭尽所能向贫困人民提供医疗支援。

像肖这样的女性在印度经济界迅速增加，其中最令人瞩目的就是金融行业。印度最大的商业银行印度国家银行（State Bank of India，SBI）、在纽约证券交易所上市的印度工业信贷投资银行和印度国家证券交易所等金融机构的领导者都曾是女性。此外，摩根大通集团、美林公司和摩根士丹利等欧美金融机构当地法人的负责人也都曾是印度女性。

与IT和高科技行业一样，金融也是代表"新印度"

的行业。在这些行业中，女性高管已经成为不可或缺的存在。如今在日本大型企业的高管会议上，出席者还是清一色的中老年男性，而在许多"新印度"的企业之中，女性高管的数量反而更多一些。

但要是将目光转向"旧印度"，很多行业仍然是男性的天下。比如制造业、基础设施建设、不动产等被传统财团控制的行业都是如此。我有时会参加一些印度企业的会议，从出席的女性高管的数量上我就能判断出这家企业的属性。

"中产阶级"的生活

印度经济的飞速发展不但创造了许多新的富豪，同时还使印度中产阶级的数量迅速增加，如今，印度中产阶级在印度总人口中所占的比例在三成以上。中产阶级的比例与国家的发展程度成正比，虽然印度还远远比不上日本那样的发达国家，但如今印度的中产阶级数量正在不断增加也是一个不可辩驳的事实。

不过，印度"中产阶级"所涵盖的范围非常广。孟买的高级中产阶级，月收入大约在 1 万美元以上。最典型的就是在美国等发达国家留学归来后，在外资企业担任领导的精英们。他们每天有司机接送上下班，家里甚至有管家和佣工。在印度经济自由化之前完全没有这种社会阶级，因此他们可以算作是"新富豪的代表"。

要想成为高级中产阶级，熟练掌握英语是一个最基础的条件。即便不是外资企业，印度的大型企业也将英语作为通用语使用。在印度，英语是通往富裕生活的第一步。

那么，在高级中产阶级之下的中级中产阶级的生活又是什么样的呢？在印度政府部门的银行中担任分行长的我哥哥，就是中级中产阶级的一员。透过我哥哥的生活，就可以了解到印度绝大多数中产阶级的实际生活情况。

我哥哥居住在新德里西北部 250 千米远的旁遮普邦的帕蒂亚拉，这是一个拥有 75 万人口的中型城市，也是印度一座知名的历史名城。

我哥哥与他的妻子和两个女儿一起生活，他的月收入大约 7 万卢比（约合 1100 美元）。我的嫂子是全职主妇，所以全家人都靠哥哥的收入生活。虽然哥哥的收入与高级中产阶级相比要低很多，但在印度仍然属于高收入的精英群体。

哥哥住在面积 100 平方米的公寓里，因为是银行分配的房子所以不用交房租，仅凭这一点他就比绝大多数的印度人活得更轻松。

印度由于房地产价格上涨，房租也水涨船高。哥哥一家居住的公寓如果在新德里的话，每个月的房租最低也要 1100 美元，这就相当于哥哥一个月的工资收入了。如果是在印度物价最高的孟买市中心，房租更是高达 20 万卢比（约合 3100 美元），印度一般的中产阶级根本无力承担。

因此，印度大城市里的中产阶级大多住在远离市中心的郊区，每天花两到三个小时通勤更是司空见惯。

在印度的大城市之中，没有像日本那样的地铁和电车。公共交通只能靠公交车，但大城市的道路经常堵车。因此就算距离并不远，在路上也要花费很多的时间。对于中产阶级来说，大城市绝对不是一个宜居的地方。

哥哥家里有一辆车，品牌是铃木奥拓，每个月需要偿还大约 90 美元的贷款。各个邦的汽油价格各不相同，新德里 1 升汽油的价格是 70 卢比（约合 1.1 美元）。虽然与日本相比汽油的价格很便宜，但私家车在印度仍然是中产阶级以上才能享用的奢侈品。

2013 年，印度共售出 324 万辆新车，而日本共售出了 540 万辆新车。考虑到印度的人口规模以及中产阶级群体的不断扩大，未来印度汽车的年销售数量有望超过日本。

哥哥的两个女儿分别在读初中和高中。因为她们都在公立的"中央学校"念书，所以不需要缴纳学费，但印度所有想考上大学的学生都会参加补习班。即将参加大学考试的长女每周要去 3 次补习班，补习班的费用每个月大约 45 美元。

其他比较大的开销就是"外出就餐"。一家四口出去吃一顿饭，花 45 美元以上都是很正常的事。当然，印度也有比较便宜的餐厅，但中产阶级是绝对不会去的。日本的有钱人也会去平民餐厅就餐，但印度人对吃饭的场所非常讲究。

"爱面子"的印度人

印度人爱面子并不是因为虚荣，而是因为在印度，

"面子"背后代表的意义非常重要。

印度首富穆克什·安巴尼在孟买修建了一座 27 层的豪宅，不仅是因为他喜欢奢华的生活。在印度，大富翁就必须表现出与其身份相符的生活方式。换句话说，如果大富翁不展现自己的财富就不会得到周围人的认可。

对印度的中产阶级来说也是如此。中产阶级必须在日常生活中保持中产的生活方式，否则就不会被看作是中产阶级，甚至会影响到自己的人际关系。

即便在印度的大城市之中，贫民区的生活成本也非常低。但不管生活成本有多低，中产阶级也绝对不会住在贫民区。中产阶级必须住在与自己身份相符的地区，也必须在符合自己阶级的餐厅就餐。

维持中产的生活方式，也是为了保护自己和家人。印度的社会治安非常差，尤其是贫困阶级生活的区域，犯罪率通常会更高。

2012 年末在新德里发生的集体强奸事件震惊了全世界。一个与未婚夫一起搭乘黑公交的女学生遭到 6 名男性的暴力强奸，最后被扔出车外导致死亡。虽然如此恶性的案件并不常见，但抢劫和强奸等犯罪事件在印度的贫困地区仍然司空见惯。

在印度贫困地区的餐厅吃饭，很有可能被卷入暴力犯罪的事件之中。而且印度的警察对于不同地区发生的案件的态度也完全不同。如果是贫困地区的案件，警察根本不会去管。因为在廉价的餐厅吃饭，即便是中产阶级也会被看作是没有钱的穷人。一旦遭到暴力侵害，不但报警没有用，同时也不会得到周围人的帮助。正因为知道这一点，所以中产阶级绝对不会靠近贫困地区。

在日本，家长都会教育孩子"不能从外表判断一个人"。但在印度，"外表"是判断一个人的重要依据。在印度的一切都要从外表来判断，有时候甚至关乎性命。

印度人之所以都喜欢穿西装，也是出于这个原因。至少穿着正式的服装，可以让别人知道自己是个有身份的人，这也是保护自己的一种手段。在印度，如果你穿着破衣烂衫，那么就会遭到他人非常明显的歧视。虽然说起来很惭愧，但这就是印度的现实。

印度的警察也会以貌取人。如果报案的人身上穿着高级西装，那么警察就会很认真地接待。但如果报案的人看上去没什么钱，警察就会表现出一副爱答不理的样子。印度人之所以爱面子，是因为这是保护自己的一种重要手段。

不可能出现"家里蹲"的国家

在印度生活，与人交往是必不可少的。印度人与家人之间的关系很紧密，与邻居们的关系也都很好。坐火车和公交车的时候，邻座的两个陌生人也会很快就攀谈起来。总之，印度是一个"人际交往"很频繁的国家。因为从印度的环境上来看，与人交往也是保护自己必不可少的一种手段。

印度的基础设施建设很不完善，除非居住在大城市的中心区域，否则在家附近很难找到便利店和餐厅。所以印度人大多全家人住在一起，一起做饭一起生活。而在日本的话，只要花上 400 日元就可以吃一顿牛肉饭，所以即便自己一个人生活也完全没问题。

在日本，一旦感觉身体不适，只需要打一个电话就会有救护车把你送到医院，但在印度这是不可能的。就算你自己跑到医院就诊，也经常会得不到及时的救治。为了避免出现这种情况，印度人必须平时就和家附近的诊所搞好关系，尽可能地拓宽自己的人脉。与附近的医生关系紧密的人，或许可以托医生的关系尽快得到医疗救治。和警察也要搞好关系，因为你一旦被卷入案件，你的警察朋友就会派上用场。也就是说，尽可能结识更多的人、拓宽自己的人脉，这对印度人的生活来说非常重要。

与此相反，日本有个词叫"孤族"，指的是与家人疏远，也没有好朋友的人。这些几乎不与他人交往的人之所以也能好好地生活下去，完全得益于日本是一个基础设施完善的国家。日本的年轻人有很多"家里蹲"，也是因为他们能够得到家人的照顾。而在印度，父母根本没有余力去照顾一个"家里蹲"的孩子。

印度没有像日本那样的养老金制度，也没有价格低廉的养老设施。印度的老人一旦失去劳动能力，就只能依靠子女的照顾来维持正常的生活。对印度人来说，要想让自己老有所依，就必须组建家庭、生儿育女。

莫迪总理是"最佳 CEO"

2014 年 5 月，纳伦德拉·莫迪在印度大选中获胜，当选印度新一任的总理。这是印度时隔 10 年再次出现新总理，精英阶层在这其中发挥了非常重要的作用。印度的中产阶级大多支持莫迪率领的印度人民党（Bharatiya Janata Party，BJP）。

2014 年，印度有选举权的国民超过 8 亿人，其中大约有 2.4 亿个互联网用户。在 2013 年这一年的时间里，印度的互联网用户数量增加了 50%。如今，印度的互联网正在迅速普及。

印度互联网用户的数量正好与印度中产阶级的数量差不多。在这次大选中，互联网发挥出了前所未有的威力。虽然各个政党和候选人都利用互联网为自己的竞选宣传造势，但只有莫迪得到了压倒性的支持。凡是在脸书等社交媒体上对莫迪进行批评的人，都会遭到其他网民的猛烈抨击。为什么中产阶级如此支持莫迪呢？

莫迪曾经在古吉拉特邦担任了 12 年以上的首席部长，使该邦的经济取得了惊人的发展。在他出任古吉拉特邦的首席部长之后，该邦的贪污腐败情况大幅减少，政府公务人员的"公仆意识"得到了极大的提升。以前在印度，官员真的跟"祖宗"一样，在当地民众面前总是一副高高在上的态度。而且贪污腐败问题严重，总是向当地民众索要贿赂。

　　但是在莫迪到来之后，这种情况在古吉拉特邦发生了巨大的改变。莫迪也因为这一功绩被某知名经济杂志授予"最佳CEO"的称号。将本应授予企业经营者的"最佳CEO"称号授予一名政治家，这可以说是史无前例的。

　　莫迪不仅将古吉拉特邦治理得井井有条，也成功带领印度人民党成为印度执政党，可以说是印度名副其实的"最佳CEO"。而且他为人清廉，不会为一己私欲动用权力。虽然前总理曼莫汉·辛格（Manmohan Singh）以清廉著称，但辛格在打击贪污腐败上的力度明显不足。莫迪拥有辛格缺乏的领袖魅力，我个人非常欣赏他。

　　另一方面，当时的执政党印度国民大会党（The Indian National Congress，简称"国大党"）的总理候选人，莫迪的竞争对手拉胡尔·甘地（Rahul Gandhi）则完全没有得到国民的支持。拉胡尔是自从印度独立以来，一直在印度政界占据着中心地位的"尼赫鲁·甘地家族"的公子。他的曾祖父是印度的首任总理贾瓦哈拉尔·尼赫鲁（Jawaharlal Nehru），祖母是英迪拉·甘地，他的父亲拉吉夫·甘地也曾经担任印度总理，而他的母亲索尼娅·甘地（Sonia Gandhi）曾担任国大党的主席。不过，在今天的印度，仅仅出身名门并不能保证一定会成为印度的最高领导人。从某种意义上来说，这也是印度的民主制度逐渐成熟的标志。

莫迪与日本的关系

莫迪领导的印度人民党，是以自由竞争为宗旨的"小政府"主义政党。而国大党走的则是传统的"大政府"主义路线，总是通过公共事业大把地往外撒钱，这就很容易滋生官商勾结和贪污腐败等问题，我认为这也是导致国大党被印度选民抛弃的主要原因。

经济界对莫迪抱有极大的期待，其中甚至包括在"旧印度"开展商业活动的财团经营者。在莫迪政权下，财团仍然拥有强大的力量。针对自己的支持者存在的"贪腐"问题，莫迪采取的具体措施非常值得我们关注。

我和莫迪曾经见过几次面，当时他打算让日本企业到古吉拉特邦投资，于是亲自来到日本。

古吉拉特邦是印度少有的重视规则的地区。当地人都有很强的时间观念，在店铺购物时也会自觉排队。我想到这一点，对一同出席会议的莫迪说道："古吉拉特人和日本人很相似。所以这次肯定能顺利地邀请到日本企业到印度投资。"

听到我的话，莫迪很高兴地点了点头说："是吗？那真是太好了！"

如今已经有包括日立在内的超过 50 家日本企业在古吉拉特邦开设工厂，铃木也在此修建了新工厂。

莫迪是印度为数不多的"知日派"政治家，他和日本前首相安倍晋三关系密切。虽然有些欧美媒体担心莫迪是"印度至上主义者"，但实际上他是一个非常商业化的"国家级 CEO"。

印度的经济水平在"IT 产业"出现之后得到了巨大的提升。这次印度的政治和社会，会不会因为"纳伦德拉·莫迪"的出现而改变呢？印度国民对莫迪都抱有巨大的期待。

引人注目的政治家——阿文德·基伊里瓦尔

在 2014 年的印度总理大选中，有一个和印度人民党同样引人注目的政党，那就是继印度人民党与国大党之后的印度第三大政党——印度平民党（Aam Aadmi Party，AAP）。

印度平民党是成立于 2012 年 11 月的印度新政党，最早由社会运动家安纳·哈扎尔（Anna Hazare）反对贪污腐败的运动发展而来。当年 72 岁的哈扎尔被称为"当代甘地"，他曾在 2011 年成功领导了反腐败的绝食抗议。

印度平民党在成立后的第二年就在德里首都圈的议会选举中获得了仅次于印度人民党的第二多席位。其党魁阿尔温德·凯杰里瓦尔（Arvind Kejriwal）也就任了德里首都圈的首席部长。

当时凯杰里瓦尔受欢迎的程度甚至超过了莫迪。似乎在即将到来的印度总理大选中，凯杰里瓦尔有望力压莫迪成为印度新任总理。当凯杰里瓦尔就任德里首席部长之后，却因为自己的言行遭到了批评。

对政治家来说，不能一味地将自己的想法强加给对方，有时也要耐心地说服与自己持不同意见的对象。但凯杰里瓦尔在当选德里首席部长之后，仍然坚持其身为在野党时候的做法，四处攻击与自己政见不合的人。当他得知自己提出的反贪污法案没能得到通过时，竟然主动辞去了德里首席部长的职位，当时距离他上任还不到

50 天，这也是他的支持者感到失望的主要原因。而且在这次的总理大选中，印度平民党的支持率也没有得到提升。

凯杰里瓦尔和我都是 IIT 的毕业生。他毕业后先进入塔塔钢铁公司就职，后来通过了印度国税局的考试而成为一名官员。

对我来说，凯杰里瓦尔不仅仅是一个 IIT 同学这么简单的关系，因为促使他辞去国税局的工作并走上政治道路的人正是我。

事情的起因是 2003 年，我的一名好友在印度遭到杀害，死去的是我在 IIT 坎普尔分校的同级生萨蒂安德拉·库马尔·杜布（Satyandra Kumar Dube）。他曾在印度中央政府担任技术官员，却因为公务被卷入贪腐事件而丧生。

杜布出生于印度最贫穷的比哈尔邦。虽然他在 IIT 就读的是土木工程系，但因为曾和我住同一个宿舍，所以我们两个人的关系很好。从 IIT 毕业之后，他进入政府部门成为一名技术官员。

20 世纪 90 年代末，瓦杰帕伊总理提出了在印度全国修建高速公路的计划。作为这项计划的负责人，杜布回到故乡比哈尔邦监督当地的工程项目建设。比哈尔邦的治安状况是全印度最差的，有的地区甚至被黑帮控制，当地的黑帮与政府勾结起来维护自身的利益。在这种情况下，突然出现的大规模公共工程计划对于当地的黑帮和官员们来说无异于是捞取新利益的大好机会。

高速公路建设开始不久，杜布就遇害了，因为当地的控制者们把他看作是一种获利的"阻碍"。

杜布在大学时代是一个正直廉洁的人，我和他经常在宿舍里谈论如何凭借我们这一代人的力量改变贪腐蔓延的"旧印度"的话题。杜布为了改变家乡的贫穷面貌，怀着满腔的激情与热血成为一名政府官员，但他的梦想还没来得及实现就消亡了。

虽然警方发现了杜布的遗体，但他们丝毫没有破案的意思，只是草草地将其作为"抢劫杀人"结案。在比哈尔邦，抢劫杀人之类的案件屡见不鲜。即便杜布是中央政府的官员，却算不上能够让政治家出面的大人物。不管是警察，还是当地的控制者，都希望尽快了结此事。因为如果对贪污腐败的问题深究下去，就会牵扯到上层的高官，这样的事情显然是他们不希望看到的。

杜布遇害时我正在东京工作，当通过 IIT 的同级生得知这一消息的时候，我震惊得说不出话来。好友成为杀人事件的牺牲者，对我来说是一种前所未有的经历。

得知警方根本没有进行任何调查之后，我感到十分愤怒。为什么杜布一定要遭遇这样的命运？为什么正义的一方却成为牺牲者？为什么杀人犯及其幕后黑手不用受到制裁？为什么印度的这一方面一直都没有改变？我的脑海里一直在思考这些问题，几乎无法正常工作。

怎样才能让杜布不会白白牺牲呢？我一边思考，一边坐在电脑前拼命地敲打着键盘。我给印度总理写了一封请愿信，希望他能够下令严查杜布遇害的案件。

但我一个人的请愿信肯定不会得到总理的关注。2001 年，我在日本成立了 IIT 的同学会，通过这项活动，我还与世界各国的 IIT 同学会都建立起了联系，于是我呼吁全世界的 IIT 毕业生们在互联网上联名。

我的请愿书得到了大家的积极响应。各国的 IIT 毕业生纷纷签名应援，最后我收集到了来自全世界 100 个国家大约 5 万人的签名，其中绝大多数都是和我一样居住在海外的印度人。而在印度国内帮助我发起这项签名运动的人，正是当时还在国税局工作的阿尔温德·凯杰里瓦尔。

印度最大的问题是"贫困"与"贪腐"

印度的第一任总理尼赫鲁，为了培养能够推动国家发展的栋梁之材而建立了IIT，而IIT也确实不负众望，培养出了诸多优秀人才。在美国成功创业的印度企业家大多是从IIT毕业的，而在全世界的大型跨国企业中担任高管的印度人中，也有不少是IIT的毕业生。将目光转向印度国内，除了技术人员和研究者外，许多官员和政治家等国家的关键人物也来自IIT。如果没有IIT，我也就不能像今天这样在日本工作。

但我认为，不管身在世界的什么地方，不管从事什么职业，作为IIT的毕业生，都绝对不能忘记IIT的治学理念——为印度的发展做出贡献，这也是所有IIT毕业生的使命。

印度现在最大的社会问题就是"贫困"与"贪腐"，而且这两个问题还密切地联系在一起。正因为有贪腐的存在，所以才难以消除贫困；正因为人民的生活贫困，所以贪腐的问题才如此严重。但对印度人来说，必须想尽一切办法解决这两个问题，否则印度就没有未来。

回顾印度漫长的历史，像现在这样有这么多的人口接受过教育，掌握一定知识的情况是史无前例的，能够与特权阶级展开斗争的中产阶级正在逐渐形成。可以说现在正是印度向消灭"贫困"和"贪腐"迈出坚实一步的绝佳时机。

一直以来，印度的中产阶级都没有产生过通过自身的运动消灭社会邪恶的想法。其原因一方面在于"旧印度"执政者的特权阶级过于强大；另一方面则是印度中产阶级的数量十分有限，缺乏足够强大的政治力量。

但时代已经发生了巨大的改变，如今正是"新印度"取代"旧印度"之时。我认为 IIT 的毕业生应该走在前面发挥带头作用，这也是我在得知杜布遇害之后坐立难安的原因。

将全世界 5 万人联名的请愿书送往印度总理府的人正是阿尔温德·凯杰里瓦尔，印度的电视和报纸都对这次联名运动进行了报道，我也接受了好几次采访，就连印度总理府也直接与我取得了联系。

但遗憾的是，最关键的案件调查工作仍然毫无进展。我发起的联名运动不知何时在印度发展成为政治问题，在野党将杜布事件作为攻击执政党的武器，但我实际上并没有抨击执政党的意思。我对从国大党手中夺回政权的印度人民党的瓦杰帕伊总理有抱很高的期望，所以我才会想到给总理府写请愿书。但最终，在政治斗争的影响下，杜布遇害的事件就这样被埋葬在历史的尘埃之中。

要想解决印度的贪腐问题绝非易事。虽然在 IT 产业出现之后，车站以及机场等场所的基层贪腐问题得到了一定程度的改善，但更高层面上的贪腐问题一如既往地存在着。

以我发起的联名运动为契机，凯杰里瓦尔成为一名政治家。他是一个非常正直的人，我也非常相信他有消灭印度贪腐的决心，但凯杰里瓦尔与其说是"政治家"，更像是一名"革命者"，他缺乏作为政治家的实干能力。

如果凯杰里瓦尔成为印度总理的话，或许会比莫迪执行的反腐力度更大。但印度的国民并没有选择凯杰里瓦尔而是选择了莫迪，因为让擅长经济的莫迪成为领导者，至少能够极大地改善"贫困"问题。

或许印度真正需要的是一场革命，但从这次大选的结果上来看，印度的人民并不希望发生革命。所以，以实务见长的"政治家"莫迪才能当选。

另一方面，我因为杜布事件而发起的联名运动，在日本产生了意料之外的"副产物"。通过这次联名运动，我与全世界的 IIT 毕业生都建立起联系，而我也因此能够举办旨在加深日本与印度之间联系的大型国际会议。

第五章

日本与印度——因为不同，所以更加互补

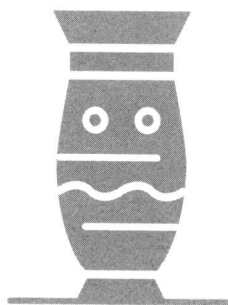

从"咖喱"到"数学"再到"证券人"

1996 年 8 月 21 日，我因为跳槽到一家总部位于日本广尾的人工智能研究开发企业而第一次来到日本。我之所以跳槽，是因为在报纸上偶然看到了这家企业的招聘信息。

从 IIT 毕业后，我进入戈德瑞吉财团的一家生产企业中就职。虽然我对这家企业的工作并没有什么不满，但在看到人工智能研究开发企业的招聘信息后还是动了跳槽的念头。

对于像我这样理工科专业的人来说，拥有许多世界领先技术的日本具有非常大的吸引力。而且当时 IIT 的毕业生几乎没有去日本的，我又属于喜欢走与众不同道路的类型。于是我决定去应聘它的研究人员这个职位，结果非常幸运地被录用了。

初次来到日本的情景，我直到今天还记得清清楚楚。从成田机场下飞机之后我就直接前往位于赤坂的酒店，与等候在那里的企业工作人员会合后，公司就将我送到了专门为我在大冈山准备的单间宿舍，房间里被褥、冰箱等生活用品一应俱全。将行李放下之后，我立刻换上西装去公司报到。这套西装是我来日本之前特意定做的，也是我有生以来第一次定做西装。因为我平时很少穿西装，所以感觉有些不太习惯。

那一天日本的温度高达 35 摄氏度，我穿着西装走在路上，热得浑身冒汗。虽然孟买也很热，但大家基本不穿西装。因为当时印度即便是很高档的大楼里也没有空调设备，所以人们都不穿西装，只穿衬衫工作。

我以为日本是"穿西装工作的国家"，但当我来到人工智能研究开发企业之后，发现实际情况与我想象的完全不同，公司里的人都穿着 T 恤和短裤。同事们来自世界各地，都是非常优秀的技术人员，给我的感觉就像是硅谷的企业一样。当他们看到西装革履、满头大汗的我出现在门口时，全都笑了起来。

日本是我第一次离开印度前往的国家，在这里见到的一切对我来说都非常新鲜，而最令我感到惊讶的，莫过于日本完善的社会运行机制。电车的到达时刻一分不差，乘车的乘客全都自觉排队。当然，也没有贿赂车站工作人员的情况。我很快就爱上了日本。

当时生活在日本的印度人只有 6000 人左右。还不到 2014 年的 1/4。对于日本人来说，印度人也是很少见的。所以每当我坐出租车的时候，司机都会笑着对我说"我很喜欢吃咖喱"。

我来日本两年后的 1998 年，《舞蹈王子 1997》在日本上映并大受欢迎。我也和朋友一起去涩谷的电影院看了这部电影，当时电影院里人满为患，有人不得不站着观看。在电影放映的时候，影院里的观众们甚至一起欢呼起来，气氛十分热烈。但我完全跟不上大家的节奏。虽然我是所有观众中唯一的印度人，但讽刺的是我是最没能理解电影内容的人。

因为这部电影的原声是泰米尔语，而字幕是日语，我那时既听不懂原声也看不懂字幕。周围的日本观众都看得热血沸腾，只有我一个人安安静静地坐在那里，连我自己都感觉有些不可思议。当时我留着和电影的主人公十分相似的小胡子。因为这部电影的流行，我的日本朋友们全都戏称我为"舞蹈王子"。

进入 21 世纪之后，日本与印度的关系变得更加紧密。越来越多从事 IT 行业的印度人来到日本。这个时期，出租车司机对我说的话也变成了"印度人是不是都很擅长数学啊"。"IT"就这样改变了日本人对印度人的印象。

印度的 IT 从业者之所以愿意来日本，主要是因为2000 年时任日本首相的森喜朗访问印度，促使日本与印度两国达成了"21 世纪全球合作伙伴关系"，日本开始积极地接纳印度的人才。2001 年，印度总理瓦杰帕伊访问日本，两国之间的交流迅速加深。

同一时期，日本的金融行业还出现了被称为"金融大爆炸"的体制改革。外资金融机构的商业活动规模得到扩大，在东京工作的外国金融业者数量迅速增加，其中就有不少印度人。这些印度人都是被从欧美国家的总部派遣过来，负责金融系统开发等工作。在外资的大型企业之中，甚至存在整个职场中有 100 多名印度人的情况。

1998 年，我也跳槽到外资金融企业工作。最初我在德国的德累斯顿银行工作，后来入职美国的高盛。

进入外资金融机构工作之后，我也将住处搬到离公司比较近的赤坂。当我在那附近坐出租车的时候，司机总是会问我"在证券公司上班很辛苦吧"。赤坂作为许多外资金融机构办事处的所在地，有许多印度人住在这里。身穿西装背着双肩包的印度人也成了赤坂一道另类的风景线。

从"咖喱"到"数学"再到"证券人"，我来到日本之后只过了短短三年不到的时间，日本人对印度人的印象就发生了巨大的转变。

为什么印度人都喜欢住在西葛西

说起印度人的聚居区，最著名的当属东京的西葛西。西葛西形成印度人社区的时间始于日本的印度 IT 人才逐渐增加的 2000 年。印度人居住在赤坂，是因为外资金融机构都集中在那里，而印度人聚居在西葛西，则是出于日本房地产相关的原因。

当时日本的房屋租赁企业都拒绝将房屋租给外国人，我也有过被拒绝的经历。但"日本住宅公共团体"（简称"公团"）的住宅对外国人一视同仁，只要拥有合法的签证，任何国家的人都可以租赁它们的房子。

在西葛西的车站附近，有一大片公团的出租屋。这个消息很快就在印度人间流传开来，刚刚来到日本的印度人全都来这里租房子住。

被称为"西葛西教父"的贾古莫汉·S.钱德拉尼（Jagumohan S. Chandrani）为在日本的印度人群体做出了巨大的贡献。1978年来到日本的钱德拉尼通过红茶贸易取得成功。作为第一个居住在西葛西的印度人，他根据自身的经历，为其他印度同胞提供了非常宝贵的生活经验，有时候他还亲自替其他刚来日本的印度人去和日本不动产企业交涉，为他们做担保人。许多印度人都在钱德拉尼的帮助下成功地在西葛西租到了房子。

虽然同为印度人，但居住在西葛西的印度人和居住在赤坂的印度人属于两种不同的类型。居住在赤坂的印度人大多是从美国来到日本的，并且在外资金融机构工作，而居住在西葛西的印度人则大多是从印度直接来到日本的，他们大多是作为IT技术人员，在大手町周边的日本企业中工作。从西葛西到大手町只需要坐一趟东京地铁东西线就能抵达，交通十分便利。

西葛西现在大约有两万名印度人居住，相当于全部在日印度人数量的65%。西葛西周围有印度料理店、印度教寺院、国际学校等生活设施，对印度人来说是非常宜居的社区。

印度人开设的国际学校最近也受到了日本人的关注。2006年，"环球印度国际学校"（Global Indian International School，GIIS）成立，这也是继2004年在江东区成立的"日本印度国际学校"（India International School in Japan，IISJ）之后在日成立的第二所印度国际学校。

我现在担任环球印度国际学校的顾问。环球印度国际学校的主要运营方是新加坡的印度系财团，在美国、澳大利亚、马来西亚以及印度国内都开设有国际学校。

这些学校都采用英语授课，但学费比欧美的国际学校便宜很多，在教育内容上比较重视包括数学在内的基础知识。这些学校与世界各国的分校之间经常开展交流活动，其独特的课程安排也广受好评。

环球印度国际学校的学生大约有700人，来自全世界14个国家和地区，其中日本学生的数量约占三成。我认为这是在日本感受"多样性"的环境，培养"全球化人才"的绝佳学校。

再说说我在日本遭受过的歧视吧。除了租房子时遇到了歧视之外，还有许多让我难以理解的地方。其中最让我无法接受的，就是同为外国人，来自欧美的白人拥有与印度人完全不同的待遇。

在我工作的外资金融机构中，欧美人、日本人和印度人都在一起工作。但不管能力多么出众，印度人总是低人一等。有的日本人同事对欧美人和对印度人的态度完全不同。即使在工作结束后大家一起去酒吧喝酒的时候，也能感觉到态度上的差异，似乎有些日本人认为"白人"全都擅长英语、头脑聪明。

如果是欧美发达国家出身的人，即使没有签证也可以进入日本。在日本有许多抱着游山玩水的心态前来，一边当英语教师一边悠闲地享受生活的白人。因为只要是"白人"，不管有没有相关学历都可以轻而易举地在日本找到英语教师的工作。

印度人要想拿到日本的旅游签证则非常困难。虽然日本政府提出了"观光立国"的口号，但我邀请哥哥来日本旅游的时候，甚至需要我做担保才能让他拿到旅游签证。

印度人要想在日本找到工作就更是难上加难了。如果没有"本科"以上的学历，印度人根本得不到工作签证。因此，在日本生活的印度人大多都是高学历的精英。即便如此，印度人在日本的地位仍然比白人低得多。

不仅日本人，亚洲人大多有一种"白人崇拜"的观念。曾经长期处于英国人统治之下的印度人也对白人拥有很强的崇拜心理。但日本是与欧美国家比肩的发达国家，竟然连日本也存在如此严重的"白人崇拜"，这实在是让我感到非常惊讶。

在日本企业中学会的"事前沟通术"

2001年，正在高盛工作的我接到了一份意料之外的工作邀请，发来邀请的是日本的证券公司瑞穗证券。

我在印度的时候，连"高盛"的名字都没听说过。但当我来到东京之后，已经逐渐熟悉了在外资金融机构里的工作。这里报酬丰厚，其他待遇也不错，我甚至打算就这样一直在外资金融机构里干下去。至于传统的日本企业会主动招募我这件事，我几乎从没想过。

招募我的是当时担任瑞穗证券IT部长的木村先生。木村先生是一个思想非常前卫的人，他从那个时候开始就积极地招募国际化人才，在他的部门中有30多个外籍员工。他给我提供的职位职责，是让我对世界各国的分店进行协调。

"你身为印度人，一定能够胜任这份工作。"木村这样说道。

从小就在充满多样性的环境下长大的印度人，非常适合从事在不同的文化之间牵线搭桥的工作，木村先生对这一点也十分清楚。

我之所以会来到日本，是因为跳槽到了人工智能研究开发企业这家日本企业。但它与其说是"日本企业"，不如说更像是一家硅谷的公司。与之相比，瑞穗证券则属于典型的日本企业。我心想既然自己好不容易来到日本，总要在真正的日本企业里体验一下，于是就接受了瑞穗证券的邀请。

瑞穗证券是在富士银行、第一劝业银行、日本兴业银行这三家银行合并时成立的证券公司。因此，瑞穗证券里的员工也分别来自不同的企业。

入职瑞穗证券后，最让我感到惊讶的就是会议时的安静氛围。因为在我之前工作过的外资金融机构里，每次开会的时候都像打仗一样，大家激烈地进行争论。但在瑞穗证券，大家在会议上几乎从不讨论。很快我就搞清楚了原因，这是因为日本企业的员工都会在开会前通过事前的沟通来达成共识，这样在会议上就能够直接做决定。

我对"事前沟通"这个日本企业里特有的文化十分感兴趣。在瑞穗证券的办公区域中有一个吸烟室，但有时候即便是不吸烟的人也会跟吸烟的人一起走进吸烟室，因为他们需要在吸烟室这个私密的空间之中，与相关的负责人进行事前的沟通和交流。当时三家银行刚合并不久，分别来自不同企业的同事之间有许多事情需要磨合，这次工作经历为我积累了一段非常宝贵的经验。

在瑞穗证券工作三年后，我再次跳槽到外资的瑞银证券工作，这次我负责的是新项目的开发。而在瑞穗证券学到的事前沟通的方法，给我的这份工作提供了巨大的帮助。

在瑞银证券，激进派的权益部长和慎重派的法务部长经常出现对立。每当权益部长提出某种提案时，法务部长就会以"金融厅方面……"等原因提出反对，结果两人就会发生激烈的争执，导致会议难以收场。每当这个时候，我就会根据"事前沟通"的经验及时地从中进行协调。

但我并不认为"事前沟通"是万能的，因为在瑞穗证券工作的时候，有些本来应该做进一步讨论的问题，却在会议上轻易地就得到了通过，这也可以说是"事前沟通"的一种弊端。

日本人好像很不擅长正面提出反对意见。在我看来，日本人好像能够从同意他人的观点中得到快感。曾经有一段时期，"KY"（日语中不懂得察言观色的缩写）这个词很流行，在日本，与大家唱反调的人会遭到群体的批判。但在全球化的环境之中，必须能够在讨论中大胆地提出自己的见解，这样才能取得突破。所以说，"事前沟通"这种日本企业文化有利也有弊。

以工薪族的身份举办国际会议

我在 IIT 的同级生杜布因为被卷入贪腐事件遇害的时候，我正在瑞穗证券上班。我给印度总理府写了请求严查此案的请愿书，并且发起了联名运动，通过这项运动，我结识了许多世界各地的 IIT 毕业生。

当时，许多 IIT 的毕业生已经在欧美发达国家成功创业，或者在大型跨国企业担任高管，还有的身为科研人员取得了许多成果。

IIT 的毕业生会定期在世界各地举办大型会议。我在日本成立 IIT 的同学会之后，也开始出席这一会议。参加会议的路费和住宿费当然都是自掏腰包，同时我还要向公司请假，直到现在我仍然非常感谢瑞穗证券和瑞银证券的上司当时对我的关照。

有一次参加会议时，IIT 的前辈问我："在日本也召开一次会议如何？"当时正值日本因为 IT 而对印度的关注度逐渐提升的时期，但日本与印度在人文层面上的交流十分有限。如果在日本举办相关会议的话，或许可以让日本人更好地了解印度。

于是我一边工作一边为举办这场会议做准备，其中要面临的最主要问题就是如何邀请参会者。一般来说，在会议上需要有印度与举办国在学术、经济以及政治各界的知名人士参加。

通过 IIT 的人脉，印度方面的与会嘉宾很快就确定了下来。而我自从在日本成立了 IIT 同学会的分部之后，每当印度年轻的国会议员来访日本，都会通过我与日本的政治家取得联系，这也使得我在日本政界认识的人越来越多。

当时有许多日本的政治家为我提供了宝贵的帮助，比如担任日本经济再生大臣的西村康稔、担任防卫大臣的岸信夫、在第一次安倍内阁担任官房长官的盐崎恭久、国民新党前众议院议员系川正晃等。此外，流山市的市长井崎义治在印度的议会议员前来考察访问时也为我提供了巨大的帮助，他在带领印度考察团参观日本的公办幼儿园时，印度的政治家们全都感到非常惊讶，因为在印度完全没有像日本这样的儿童看护机构。

虽然结识了这么多的日本政治家，但我在日本的人脉仍然非常有限。在我一筹莫展之际向我伸出援手的，是印度前驻日大使阿夫塔卜·赛斯（Aftab Seth）。

赛斯大使是开拓日印关系的重要人物之一。20 世纪 60 年代前往日本庆应义塾大学留学后，赛斯进入印度外交部成为一名外交官。在日本工作了一段时间之后，他又分别担任过印度驻希腊和越南的大使。2000 年，赛斯再次来到东京，担任了三年的驻日大使。后来他辞去印度外交部的工作，成为日本庆应大学的一名教授。

赛斯大使在学生时代曾经获得世界上历史最悠久的"罗德奖学金"，并以"罗德学者"的身份前往英国牛津大学深造。此外，他还毕业于名门子弟众多的伊顿公学，因此他在社会各界都拥有非常广阔的人脉。

在印度很少有"日本通"，但赛斯大使是个例外。他甚至能够不用翻译接受日本天皇的接见，我日语文书的书写方法也是他教授的。除此之外，他还给我介绍了许多对我在之后的工作中起到非常重要作用的人。

这其中之一就是庆应大学的前校长安西佑一郎。安西校长不但将庆应大学的场馆设施提供给我作为会议场地，还呼吁其他日本大学也来参加。托他的福，包括东京大学和京都大学在内，有十几所日本国立与私立大学的相关人士都参加了这场会议。

利用 IIT 的名气来宣传印度

2007 年 11 月，这场交流会在 IIT 同学会的主办下顺利召开。这次名为"日印合作伙伴，构筑两国间战略关系"的会议得到了日本与印度两国政治界、经济界、学术界人士的广泛支持，是有史以来日本与印度两国之间举办的参加人数最多的会议。

这次会议的举办时间也可以说是刚刚好。2006 年 12 月，时任印度总理辛格访问日本与时任日本首相安倍晋三就"德里·孟买间产业大动脉构想"达成了共识，使得日本的产业界都将关注的目光集中在印度身上。这个构想计划利用日本的技术和援助在德里与孟买这两个印度的大城市之间修建铁路，除此之外还包括工业基地、发电站、商业设施等建设项目，这是一个规模非常庞大的开发计划。随后，安倍晋三访问印度，将日印关系定义为"全世界最有发展潜力的两国关系"。在安倍晋三的推动下，日本人对印度的关注度也得到了空前的提升。

这次会议之所以能够成功举办，离不开印度与日本社会各界人士的帮助。除了前文中提到的赛斯大使和安西校长外，还有庆应义塾大学教授村井纯、前日本驻印大使平林博、前日本驻印大使堂道秀明、前日本驻印大使榎泰邦、前日本经济产业大臣甘利明、横滨市前副市长野田由美子、东京证券交易所前董事长西室泰三、印度经济研究所前所长神原英资、三越公司前社长中村胤夫等诸多名流，在此实在难以将他们的姓名一一列举。

印度驻日本大使馆和横滨印度商协会（现为日印度工商联合会）、日本商工会议所、日本经济团体联合会、日本外务省和日本经济产业省等日本的政府部门也为会议提供了关键的支援。

在日本举办会议，我其实也有私心，那就是想要改变日本人对印度的印象。

当时距离我于 1996 年来到日本已经过了十多年的时间。在这段时间里，日本人对印度人的印象已经改变了许多。但对印度这个国家的印象关键词，仍然是"贫困"和"发展中国家"。

为了改变日本人对印度的印象，我想到利用 IIT 的名气来进行宣传。IIT 是培养出众多优秀人才的世界知名学府。通过宣传 IIT，或许可以使更多的日本人愿意了解"新印度"。

同时，这次会议也使印度人对日本人的印象发生了改变。当我辞去在印度财团企业的工作跳槽到日本企业的时候，周围的人完全没有"羡慕"的感觉。很多朋友奇怪地问我"你为什么要去日本呢"。印度的年轻精英们都对美国有一种憧憬，但对日本并没有。

在硅谷的印度创业者们甚至因为过去遭遇过的日式

歧视而对日本没有什么好印象。这些人在刚开始创业的20世纪80年代，都曾遭受过日本投资者们的冷遇，因为日本人不会对像他们这样没有取得过任何成绩的人进行投资。但后来日本泡沫经济崩溃，社会发展陷入长期低迷，而这些印度创业者在美国取得了巨大的成功。从某种意义上来说，双方的地位发生了逆转。因此，现在他们中的很多人都更看不起日本。

以这些硅谷的创业者们为首的绝大多数印度人都不了解日本的优秀之处，就像日本人对"新印度"也知之甚少一样。所以我希望通过举办这场会议，在向日本人宣传印度的同时，也让印度人能够更多地了解日本。

幸运的是这次会议得到了许多媒体的大力宣传。在会议召开的同时，日本放送协会也播放了系列纪录片《印度的冲击》，这个聚焦于"新印度"的节目极大地改变了日本人对印度的印象。

这次会议也取得许多具体的成果。出席会议的日产汽车的前社长卡洛斯·戈恩（Carlos Ghosn）答应在2008年于印度举办的 IIT 总会上发表演讲。日产汽车计划在印度建设工厂的时候，也将拥有 IIT 分校的金奈作为备选地。除了日产汽车之外，许多参加会议的日本企业都打算前往印度投资建厂。

在日本外务省的推动下，日本的企业和大学决定为修建 IIT 的新分校提供支援。由日本政府提供资金，日本的大学则派遣教授支教。2008 年，IIT 海得拉巴分校在日本的援助下建成。

IIT 自成立以来，就有与海外各国合作建设分校的传统。我的母校 IIT 坎普尔分校就是 1959 年在美国的援助下建成的。除此之外，还有在德国、英国等国家的援助下修建的分校。而各个分校的毕业生也大多前往援助修建该分校的国家的大学留学深造，毕业后就留在当地工作。日本也沿袭了这一模式。

日本该如何吸引海外留学生

日本为 IIT 海得拉巴分校提供了大约 2.3 亿美元的资金援助。遗憾的是，海得拉巴分校并没有为日本输送多少留学生。截至海得拉巴分校毕业的三届毕业生，前往日本企业入职和大学留学的学生只有 15 人。

我认为造成这种情况的主要原因是宣传不足。自从海得拉巴分校成立以来，我曾经去访问过几次，与该校的学生们也进行过一些交流。虽然日方对他们非常关照，但他们对日本知之甚少，甚至连该校的教授们也对日本缺乏关注。

日本为了吸引印度学生前来留学，特意提供了奖学金。但印度的学生们在毕业后仍然优先选择前往美国和加拿大的学校留学。日本的大学派遣来的教授本来应该积极地说服学生前往日本留学，但可能因为语言和文化上的差异，导致日本来的教授与学生之间几乎没有什么交流。也就是说，日本投入的这笔巨款并没有发挥出应有的效果。

日本政府提出了在 2020 年使留学生数量增加一倍的"留学生 30 万人计划"，但这个计划执行得并不顺利。从 2011 年到 2014 年，来日留学的学生数量甚至逐年下降，留学日本的印度人数量在近几年来一直停留在 500 人左右。

来日留学生数量之所以没有增长，与日本在印度的宣传不足有很大的关系。印度人对日本的大学几乎没什么了解，即便是 IIT 的教授，也只能说出"东京大学"的名字，至于"庆应义塾大学"和"早稻田大学"则根本连听都没听过。

日本有的大学为了吸引印度留学生，甚至在印度设立了办事处。"G30"是由 13 所日本大学联合成立的组织，目的在于实现"留学生 30 万人计划"。东京大学在班加罗尔设有办事处，立命馆大学在新德里设有办事处。东京大学的办事处是自己设立的，而立命馆大学的办事处则属于 G30 设置的推广机构。G30 的加盟大学各自负责一个国家的招生宣传工作，立命馆大学所负责的国家就是印度。

即便在当地设置了办事处，日本的大学在吸引留学生这件事上仍然事倍功半。而且由于日本的大学过于热情，反而使印度的学生产生了"想去日本留学非常简单"这种想法。虽然宣传是必不可少的，但这样反而起到了负面的效果，很难吸引到真正优秀的人才。

本来日本的大学在语言上就处于劣势。与用英语授课的欧美国家的大学相比，印度学生肯定不会优先选择日本的大学，优秀的学生更不会为了去日本的大学留学而特意学习日语。

其实日本的大学也开设了不少用英语授课的课程，但要想学习英语，并没有去日本大学留学的必要。考虑到毕业后的发展，显然是去美国的大学留学会有更多的工作机会。

对于前往日本的大学留学并且学习日语的外国人来说，毕业后的计划肯定是在日本的企业中工作。但实际上日本的招聘系统对于留学生来说并不友好。尽管我与日本公司的经营者交流时经常听他们说"希望获得印度的人才"，但他们的这个想法并没有落实到人事部门的工作上。

在欧美企业中，即便是新入职的员工也会被当作"专业人士"看待，入职后立刻就会被委以重任。虽然工作确实很辛苦，但取得成果的话也能得到相应的回报。而日本的企业在新人入职后甚至都没有一个明确的岗位，特别是在日本的大型企业，这种情况更加明显。因为日本企业大多采取终身雇佣制，所以会让员工在年轻的时候尽可能地在多个不同的部门中工作来积累经验。

那些干劲十足的外国年轻人很难适应日本企业的这种人力安排。尤其是那些来自贫穷的发展中国家的留学生，他们往往都具有非常大的野心，希望能够在工作上尽快取得成果，以求获得更高的薪水。至于在一家企业勤勤恳恳地工作 30 年到 40 年，这种事他们根本没想过。

日本的企业缺乏吸引力，也是导致外国学生不愿前往日本留学的原因之一。如果毕业后不打算在日本企业中工作的话，那前往日本留学就没什么意义，所以来日本的留学生数量才难以增加。

除此之外，日本的行政机构之间也非常缺乏合作。文部科学省和外务省都制定了增加外国留学生的计划，同时，经济产业省也在为日本企业吸收海外人才提供支援。但在我看来，日本的各行政机构完全是在各自为战。

"G30 本来是由文部科学省主导的，但不知何时变成外务省主导的项目了。"曾经有文部科学省的官员这样对我抱怨。

文部科学省组织日本的知名学府联合成立了"G30"，但其主导权落到了外务省的手中。如果日本的各个行政机构间总是像这样争权夺势，那计划怎么可能得到顺利地执行呢？

经济产业省和法务省相互之间的关系就好像"油门"和"刹车"一样。法务省虽然拥有给外国人发放留学签证的权限，但审核的基准过于严格。比如外国留学生如果在毕业之前没能找到就业单位，那么在毕业之后就必须立刻离开日本，而美国则允许留学生在毕业之后也能够继续停留一段时间。

大家一起找工作，然后在同一时期入职，这是日本特有的习惯。外国留学生也必须遵循日本的这一习惯，对就职不能够有任何的犹豫。如果是日本人的话，一旦没有被心仪的企业录用，至少可以成为"就职浪人"，但留学生不可以。因此，不管经济产业省在接收外国人这件事上如何"踩油门"，法务省却在另一边不停地"踩刹车"。

日本拥有接近 30 万留学生，但每年毕业后留在日本就职的留学生数量只有 2.5 万人左右，这不得不说是受日本僵化的招聘制度的影响。

熟悉日本语言和文化的外国留学生，对日本企业来说是非常宝贵的人才。就算不能被立即录用为正式职员，至少也可以让他们实习一段时间。而日本各个行政机构则应该联合起来为此提供支援，放宽签证条件，让留学生在毕业之后也能够继续以实习生的身份留在日本一段时间。只要能够实现这一点，前往日本留学的学生数量一定能够大幅增加。

软银集团投资 2 亿美元的初创企业——InMobi

除了外国留学生之外，吸引外资企业前来日本投资也是安倍政府积极推行的政策之一，但前来日本进行投资的印度企业数量非常少。

对印度的初创企业来说，要想在高地价的东京租到办公地点并非易事。印度企业对日本的法律和税制有许多不熟悉的地方，而且商业上的人脉也非常有限。为了向这样的印度企业提供支援，我的公司阳光金沙集团联合三菱地所公司与监察法人户松集团，于 2010 年开设了"丸之内印度经济特区"项目，这个项目是为了促进印度企业前来日本投资而进行的一项尝试。

在"丸之内印度经济特区"中，印度企业能够以低廉的价格租到办公场地，而且还能够得到法律和税务上的建议以及人脉拓展的支援。截至 2014 年，已经有 9 家印度企业入驻，印度的大型 IT 管理顾问公司"塔塔咨询服务公司"也在此设有办事处。

在这里最引人注目的企业当属印度移动广告界的知名企业"InMobi"，这是一家成立于2007年的新兴企业，于2010年进入日本。该企业的创始人是美国知名管理顾问公司"麦肯锡"出身的印度人纳宾·特瓦里（Naveen Tewari），他也是我在IIT的后辈。

InMobi在全世界160多个国家和地区为接近16亿名移动设备用户提供广告服务。可能普通的移动设备用户对这个名字比较陌生，但在移动广告领域，InMobi是仅次于谷歌的世界第二大企业。

在进入日本的第二年，InMobi就得到了软银2亿美元的投资。软银曾经在中国最大的电商企业"阿里巴巴"成立之初就对其进行了投资，与投资阿里巴巴的理念相同，软银对InMobi的投资也是非常符合孙正义风格的明智之举。

入驻"丸之内印度经济特区"的印度企业数量并没有达到我的预期，一方面是由于我个人的能力有限，在印度的宣传工作没有做到位；另一方面，我也希望日本政府能够给印度企业进入日本提供更加宽松的环境，比如在税收方面提供一些优惠等。

InMobi虽然是在印度的班加罗尔成立的企业，但现在将总部设在了新加坡。因为新加坡的法人所得税比日本低得多，而且对外国人来说不管是居住还是生活都非常便利。在吸引外资企业上，新加坡有许多值得日本学习和借鉴的地方。

在印度影响力越来越强的中国

在印度国内宣传日本是我非常重要的一项工作，但印度国内的情况让我感到有些心寒。与日本人对印度的关注度越来越高相比，印度人对日本的关注度仍然很低。就连2014年初安倍晋三访问印度的时候，当地媒体几乎没有进行什么报道，这就是对日本这个国家关注度低的直观表现。

另一方面，在印度的影响力迅速增加的是中国。随着中国经济的飞速发展，印度对中国的关注度越来越高。印度的年轻人甚至开始学习汉语，而前往中国留学的印度学生数量也从2004年的不到100人增加到现在的大约3万人。

中国制造的商品在印度国内也越来越多。印度乡村地区的人所使用的手机基本都是中国制造的。"中国制造"曾经是"廉价、质量差"的代名词，现在中国制造的商品质量提高了不少，价格却依然便宜。因此中国制造的商品在印度大受欢迎，中国也成为仅次于美国的印度第二大贸易对象。

中国商品拥有很高的性价比，非常适合现在的印度市场。日本商品的质量在印度虽然有口皆碑，但价格实在是太高了。许多中国商品的质量或许只有日本商品质量的七成，但价格是日本商品的三成，有的甚至是一成。所以即便质量比日本商品略逊一筹，但印度人还是会选择价格更合理的中国商品。

在印度的大城市中，也随处可见中国的商务人士。高级酒店里有很多中国来的游客，甚至有许多餐厅特意准备了中文菜单。以前印度人都觉得日本人是"有钱的商人"，但现在这种印象已经转移到中国人身上了。

最近我介绍日本企业去印度考察的时候，当地企业的负责人经常会递上写有中文的名片。最近在印度的商务人士之间很流行这种背面写有中文的名片，因为他们经常要与中国企业进行商务洽谈。

中国企业能够在印度取得成功的最大原因就是"速度"。要想在印度开展商业活动，就不能在决策上花费太多的时间。尤其是与印度企业展开合作的时候，如果不能立即做决定的话就会遭到印度企业的拒绝。

前几天，有一个计划进入印度市场的日本企业的负责人对我说道："我们的企业从成立至今已经有100余年的历史，但我认为未来的100年，印度将是全球最重要的一个市场。"

我很理解这个企业重视印度市场的想法，但这是因为我在日本居住了很长时间，所以我能够理解日本人的思维方式。而对于并不熟悉日本的印度人来说，恐怕很难理解他这句话的意思。

印度在过去的30年间发生了巨大的变化，如今变化的速度之快甚至让人连一年之后在印度发生的事情都难以预测。在这种情况下，突然对印度人说"未来100年"的事情，根本无法引起共鸣。

而中国的企业则不管在什么事情上都能让人感受到"速度"。中国近年来也发生了和印度一样的巨大变化。或许正因为存在着这样的共同点，所以中国人在商业活动上与印度人配合得非常好。

令日本人感觉"麻烦"的印度国民性

说了这么多日本的问题，其实印度也有令日本企业难以进入的壁垒。与 20 世纪 80 年代开始就有许多日本企业进入的东南亚诸国相比，印度的基础设施建设非常薄弱。而且印度的治安状况很差，日本企业的员工对于在印度生活似乎充满了不安。

除此之外，日本人似乎还认为印度人非常"麻烦"。

曾经有一位日本政府部门的人对我说："印度是日本很难提供政府开发援助（Official Development Assistance，ODA）的国家。"

印度在接受 ODA 的时候，会与多个国家展开谈判，然后选择条件最有利的一个接受对方的 ODA。明明是接受援助的一方，却摆出一副高高在上的态度。

与之相比，东南亚诸国对日本的 ODA 非常欢迎。日本方面可以随意利用 ODA 的资金开展项目，接受援助的国家也完全不会限制日本的开发自由。

但印度完全不是这样。印度人对任何事情都非常挑剔，所以在接受 ODA 的时候也会将每件事情都问个一清二楚。

而且东南亚国家与印度本来对"日本"这个国家的态度也有微妙的差异。东南亚诸国曾经是日本的殖民地，因此这些国家对日本似乎有着反常的、很强的"尊敬"和"憧憬"，就像印度对英国的感情一样。但印度人对日本即便有对发达国家的"尊敬"，却没有"憧憬"。

东南亚诸国的人普遍性情比较温和，很少提出自己的主张。而且除了菲律宾等少数国家之外，其他国家的英语水平都不高。印度人则有很强的个人主义精神，不管什么事都喜好辩论，在进行交涉时经常用英语咄咄逼人。所以日本人不愿意进入印度市场，我也非常理解。

中国人和日本人一样，大多不擅长英语。但中国人完全不在意自己在语言上的不利条件。在印度，中国人是出了名的"谈判专家"。

"日本村"与"内部创业"的建议

那么，怎样才能促使日本企业进入印度，并且在当地扩大商业活动的规模呢？我认为制造业和零售业应该采取不同的方法。

为了促使制造业进入印度，我的建议是在当地建起"日本村"。日本企业在印度建设工厂的时候，主要有两种方法：一种是自己建设工厂，另一种则是进入工业园区。在工业园区之中有印度政府专门为日本企业准备的设施，位于新德里郊外的工业园区之中已经有20家以上的日本企业入驻。在莫迪曾任首席部长的古吉拉特邦，日本贸易振兴机构（Japan External Trade Organization，JETRO）主导的工业园区计划也进行得热火朝天。

所谓工业园区，正如其字面意思一样，是为了吸引工厂入驻而特意规划出来的一片区域。而我理想中的日本村，则是超出工业园区的框架，是一个从物流到水处理设施、发电站等全部从日本引进的生活区域。对于基础设施薄弱的印度来说，如何保障供电是企业首先要面临的重要课题。如果能够建设一个包括发电站在内的日本村，那么工业用电的问题就迎刃而解了。

日本村的管理可以采取日本与印度相结合的方式。为了保障日本员工的生活环境，除了需要建设住宅、旅馆、日本人学校之外，还需要开设学习班，向印度员工传授日本的工作方法。如果当地员工掌握了日本的管理方法，就可以将劳务、法务、市场营销等工作交给印度员工去做，这样一来日本的技术、专业知识以及资本就会和印度的人才完美地结合到一起。日本企业就能够在印度这个飞速发展的市场中取得成功。

实际上，现在印度已经有建设日本村的计划。在印度南部高科技产业集中的大城市班加罗尔，印度政府已经特别批准了两处共计50平方千米的土地用于建设。

班加罗尔是印度国内教育水平很高的城市，企业可以很容易地在这里找到IT等领域的高科技人才。负责这项建设计划的GMR集团，拥有许多在印度国内外修建大规模基础设施的经验，是印度知名的新兴财团之一。如果能够在印度各地建设起这样的日本村，那么愿意在印度设立生产基地的日本企业数量一定会大幅增加的。

另一方面，对印度的消费市场感兴趣的日本企业一定也很多。对于这些企业来说，在进入印度市场的时候，我的建议是通过内部创业成立一个独立的组织。

我非常了解日本企业经营方式的优点。在开展一个项目之前，绝大多数的日本企业都会尽可能充分地收集信息并进行详细的讨论。为了使项目得到通过，必须说服所有的相关部门。在得到各部门的同意之后，企业才会做出决策。而项目一旦开始，日本的企业就会坚定不移地将项目进行下去，这就是日本企业的特征。

这种经营方式有助于降低风险，使企业实现"稳定"的发展。但同时，这种方式在决策上需要花费大量的时间，并不适用于现在的印度市场。

我认识一家日本的零售企业，这家企业从2009年就开始计划进入印度，因此一直对印度进行市场调研。但调研了这么长时间，这家企业还没有做出决定。而就在他进行市场调研的时候，作为其竞争对手的中国企业相继进入印度市场。那些当初有意和日本企业合作的印度企业，在经过这么长时间的调研之后也早已失去了耐心。

日本式的市场调研对印度市场来说并没有太大的意义，因为印度的发展状况每天都在发生改变。一年前得到的信息，现在已经完全派不上用场了。这种调研方式即便在日本国内行之有效，但在印度是否有效还是个未知数。

更何况在印度，收集信息也不是一件容易的事。

对印度的消费者进行问卷调查，也几乎没有人会认真回答，同时还要考虑到负责市场调查项目的员工突然离职的情况，甚至有时候印度的法律法规也会突然发生改变。

印度的企业从不会制订详细的生产计划，因为他们只要发现一点商机就会立即行动起来，遇到问题就想办法解决问题。也就是所谓的"先行动后思考"。与日本企业的做法相比，这样做的风险更高，但因为能够迅速地做出决定，所以也能够得到更多的机会。

用日本的基准来看，印度企业的做法或许过于草率。但在时刻都发生着变化的印度，这种方法才是最适合的。

要想进入印度的消费市场，日本企业也必须像印度的企业一样能够"当机立断"地做出决策。不过很多日本老牌企业非常重视决策的流程，无论如何也难以采取印度企业的这种冒进式做法。在这种情况下，可以试着成立一个专门的组织来负责跟进印度的商业活动。事实上，德国的西门子就通过这种方式在印度取得了成功。

日本人理解印度的五个关键点

2007年在IIT同学会的主导下举办大规模的国际会议之后，我就坚定了作为管理顾问创业的决心。2008年，我成立了阳光金沙集团公司，为希望进入印度市场的日本企业提供咨询服务。

最近，除了为商务人士提供咨询服务之外，我还得到了许多为大学生们演讲的机会。每到这个时候，总是会有日本大学生问我："印度究竟是个怎样的国家？"虽然我在本书前面已经回答了这个问题，但作为最后的总结，我整理出了日本人理解印度的五个关键点。

第一个关键点是"要理解印度人的思维习惯"。日本人习惯集体思考，以及遵照现有的体制和规则采取行动。日本人不管做什么都非常专业，而且非常谦虚。与之相比，印度人则有非常明显的个人主义倾向，喜欢辩论，对于自己认为不合理的事情绝不妥协。此外，印度人还非常喜欢追求新鲜事物，不拘泥于形式和传统，不会被现有的手段和方法束缚，敢于承担风险，不断面对新的挑战。也就是说，日本人和印度人在思维以及行动方式上完全不同。

第二个关键点是"印度是一个充满发展潜力的国家"。有权威机构预计，2030年的印度有望成为世界第一大消费市场，印度的经济成长才刚刚开始。

尤其是印度的乡村地区，今后还有非常大的发展空间。虽然印度城市化的发展迅速，但仍然有接近70%的人口生活在乡村地区。乡村地区的基础设施建设依然薄弱，只有1/6的农民享受到了农村金融服务。事实上，在银行里开设账户的印度人只占全部人口数量的40%。

在印度乡村地区常见的"联合利华"以及"宝洁"等欧美品牌的生活必需品，都花了数十年的时间才得到普及。但现在随着手机等高科技产品的普及，进入印度农村市场比之前容易了许多。更重要的是，这一市场中几乎没有竞争对手，这对于主打日用品的日本企业来说绝对是一个很大的商机。

第三个关键点是"印度是一个组织化程度十分低的国家"。虽然印度的中产阶级数量已经开始增加，但仍然有一半以上的国民是农民，这些人都生活在与组织无缘的世界里。但今后，肯定会有越来越多的印度人被吸收进企业等组织之中。印度的农村拥有大量的年轻劳动力，而且用人成本还很低。如果能够对这些人才进行教育并将其利用起来，一定能够使其成为日本企业的宝贵财富。

日本企业或许对印度人的个人主义感到有些不安，但印度本来就是一个比较亲日的国家。已经进入印度的日本企业取得的成功也使印度人逐渐接受了要求"团队合作"的日本企业文化。日本的经营方式在印度是完全行得通的。我也非常希望能够借助日本的力量来改善印度乡村地区低组织化的落后状况。

第四个关键点是"印度不管在什么方面都是范围很广的国家"。印度不像日本那样，有半数以上的国民都属于中产阶级。在印度，既有在世界范围内都屈指可数的大富翁，也有全世界数量最多的贫困人口。而且印度的人口数量是日本的 10 倍以上，所以各个阶层的人数也非常多，其涵盖的范围也比日本更广。即便只是在"贫困阶级"之内也有非常大的差别。

计划进军印度市场的日本企业可能都希望在事前制订出完善的计划，关于这一点我也能够理解，但这样做只会让机会从手中溜走。印度与其他国家的情况不同，要想取得成功就必须尽快采取行动。虽然日本企业在印度可能会面对前所未有的困难与挑战。但印度也同样拥有非常庞大和广阔的市场。就算产品和服务没能把握住原计划的目标群体，也很有可能被其他的群体所接受，商业活动取得成功的可能非常高。

第五个关键点是"印度是全球化人才的宝库"。在印度，有许多自幼就接受英语教育，在欧美国家留学，适应国际化趋势的年轻人才。但是，印度国内能够接纳这些人才的印度企业数量十分有限。外资企业在进入印度的时候，高端人才是必不可少的，日本企业也不例外。

欧美企业对印度全球化人才的需求量非常大，有许多大型的跨国企业甚至会给优秀的印度年轻人才开出9万美元以上的年薪。虽然印度是用人成本非常低的国家，但印度的全球化人才能够获得世界顶级的报酬。

以年功序列工资制① 为基础的日本企业，很难像欧美企业那样采用灵活的雇佣方式。但保证优秀人才的稳

---

① 年功序列工资制即员工的基本工资随员工本人的年龄和企业工龄的增长而每年增加，而且增加工资有一定的序列，按各企业自行规定的年功工资表次序增加。

定输入，不管对任何行业的企业来说都是进军印度的关键。日本企业应该考虑采取与年功序列工资制不同的薪酬标准，用来吸引印度的全球化人才。

除此之外，日本企业还需要加快决策的速度。日本企业有意合作的印度企业，同时也被其他国家的企业所关注。在与这些竞争对手的较量中，"决策速度"是取胜的关键。

后 记

Postscript

建立合作共赢的关系需要彼此的共同努力

　　读到这里的读者一定都发现了，印度和日本在任何方面都完全不同。但也正因为如此，印度和日本才能够建立起完全互补的合作伙伴关系，因为"完全不同"也意味着"完全互补"。

　　对于少子化、超高龄化问题愈发严重的日本来说，今后必须更进一步活用外国的人才，而印度则是非常优秀的年轻人才供应源。如今前来日本留学的印度留学生的数量还很少，但如果日本能够加强在印度的宣传活动、完善留学生奖学金制度、改变日本企业的雇佣习惯，那么来日本留学的印度年轻人一定会越来越多，我对此抱有非常高的期待。

我目前正在推动母校 IIT 开设日本文化专业，这个专业将成为印度学生了解日本传统文化的一个平台。我希望增加印度年轻人中"日本通"的数量，为日本的大学和企业输送更多的优秀人才。

现在印度正掀起一股"中国热"，但印度其实是一个非常亲日的国家。在日本的支持下开展反抗英国的独立运动的钱德拉·鲍斯（Chandra Bose）是印度家喻户晓的民族英雄。

此外，《哆啦 A 梦》《蜡笔小新》等动画片在印度也深受孩子们的欢迎。如果能够大力培养印度的孩子们对日本的兴趣，那么等他们长大以后，愿意去日本留学的年轻人数量一定也会增加。

印度在各种方面都落后日本很多，而且"贫困"这个最大的社会问题尚未解决。如果能够继续得到日本的技术和资金援助，这对提高印度贫困阶级的生活水平将有着非常巨大的帮助。

而这些援助，不仅仅是为了印度。印度的经济成长即将步入正轨。对于日本企业来说，印度从基础设施建设到普通消费品市场都存在着无尽的潜力。而且莫迪在担任古吉拉特邦首席部长的时候就积极地引进外资，莫迪当选印度总理对于日本来说也是一个绝佳的进入印度市场的机会。

我在日本已经生活了 25 年，现在 48 岁的我可以说一半的人生都是在日本度过的，在日本的生活真的让我学到了很多。

印度人都非常喜欢看电影，我也是其中之一。我刚来日本的时候，观看《舞蹈王子 1997》因为既听不懂泰米尔语的原声也看不懂日语的字幕而感到非常的困扰，但现在我看日语电影已经完全没有问题了。

我在印度的时候，非常崇拜哲学家伊曼努尔·康德（Immanuel Kant）。我之所以选择学习物理专业，也是因为喜欢康德提倡的理性主义①。

我曾经认为我是一个务实的理论家，但在日本的生活极大地改变了我的价值观。

以前印度也有和日本类似的价值观，但最近，印度人不管做什么事都喜欢"抄近道"。即便是取得同样的

———————————

① 理性主义（rationalism）是建立在承认人的推理可以作为知识来源的理论基础上的一种哲学方法。

成功，没经历过辛苦就轻松取得成功的人会得到更多的尊敬。

日本人非常重视取得成功的"过程"，有时候甚至相比"结果"更重视"过程"。日本的孩子们也从小就被教育"即便失败也没关系，努力才是最重要的"这种理论。但不知何时，就连了解"旧印度"的我都忘记了这种价值观。

日本的电车驾驶员和车站工作人员，即便在周围没有任何人的时候，也会在电车出发前做手势，同时在嘴里说出规定的口令。现代的印度人看到这一幕肯定会想："明明没人看见，还特意这样做究竟有什么意义呢？"

但现在的我非常理解他们这样做的意义。即使没有任何人能看见，也一定要按照规矩办事，从这种态度中能够使人感觉到他们对自己工作的强烈责任感。我现在已经非常理解这种态度究竟有多么重要，因此我希望日本人无论如何都要将这种价值观保持下去。

关于日本人的优点，我恐怕再写一本书也写不完，在本书的最后，我想为大家讲一件我经历过的印象深刻的事情。

　　大约在 2013 年，我和朋友一起踢球的时候弄伤了脚。因为伤得比较严重，因此我有一段时间不得不坐上轮椅。这是我有生以来第一次坐轮椅，在家憋了几天之后，我决定出去转转，结果这使我对日本有了许多全新的认识。

　　我坐着轮椅搭乘公寓的电梯时，发现在比较低的地方刚好有另外一组我坐在轮椅上也能按到的按钮，这应该是专门为坐轮椅的人和小孩子准备的。到了外面后，人行道上也很少有楼梯，我自己一个人坐着轮椅轻松地走了两千米抵达筑地的本愿寺。建立起自信之后，我第二天打算去公司试试。我在家门口叫了个出租车，还没等我开口，司机就帮我将轮椅折叠后放入后备厢中，我完全没想到轮椅还能折叠，而司机的热情更是让我感动。

　　曾经有一位担任城市设计师的日本朋友向我介绍过他的工作理念。他在设计城市设施的时候，肯定会考虑到残障人士和老年人的生活便利度。在日本，经常能够看到盲人搭乘电车出门。如此完善的基础设施以及对残障人士的关怀，在印度是完全想不到的。

　　在印度的大城市中，每天都有许多人死于交通事故，而且由于这种事故实在是太多了，所以连新闻都不会报道，这就是基础设施不完善所导致的。印度的大城市还不能做到为弱者着想。印度人都在为了生存而疲于奔命，不知不觉间就失去了对他人的关心。日本人则完全不同，日本是一个充满关怀的国家。在依靠轮椅度日的那段时间里，我深刻地感受到了这一点。

我的使命是为日本和印度建立双赢的关系尽自己的一点力量。因此，我也希望将自己在日本学到的优秀的日本精神传达给印度人民。

最后，向所有读到这里的朋友致以衷心的感谢。

桑杰夫·辛哈